Et si on choisissait d'être heureux ?

L'éditeur remercie chaleureusement Mains d'œuvres, le Collectif richesses et le projet Happython qui n'ont de cesse d'explorer l'idée du Bonheur et de promouvoir nos propres richesses individuelles ; pour reprendre conscience de nos choix de vie et oser nous réapproprier les sujets qui nous concernent. Nous les remercions aussi de nous avoir soufflé, au passage, le titre de l'ouvrage lors du parcours PID (Produit Intérieur Doux) sur le thème du bonheur.
Nous vous invitons à prendre contact avec eux pour de plus amples informations :

- Collectif richesses www.caracoleando.org
- Parcours-pid@collectif-richesses.org
- www.mainsdoeuvres.org – info@mainsdoeuvres.org
- www.happython.com
- www.boursedesvaleursvraies.com

Dominique Chapot

Préface de Patrick Viveret

Et si on choisissait d'être heureux

Cultiver la joie et devenir acteur de sa vie

MARABOUT

Pour Alain, en hommage à sa joie paisible

Sommaire

Avant-propos

Cet ouvrage s'adresse à tous ceux qui pensent que le destin n'est pas une fatalité, qu'il est possible d'intervenir dans le déroulement de sa vie et d'en modifier favorablement le cours, en dépit de la maladie, de la souffrance et de la mort.

L'expérience volontaire de la joie donne un sentiment puissant de présence au monde et de pouvoir sur son destin. Il s'agit d'acquérir de nouveaux comportements pour remplacer les automatismes de la plainte, du renoncement, du regret et de la culpabilité qui empoisonnent notre organisme, nos relations et nos existences.

Choisir de vivre la joie sans mauvaise conscience, fuir ce que Spinoza nomme les « passions tristes », ce n'est pas être inconséquent ou égoïste, c'est faire de soi un individu capable de contribuer à l'édification d'un monde meilleur en répandant toujours plus de joie autour de soi.

Cette démarche s'inscrit dans une certaine vision écologique des relations humaines qui n'est plus basée sur la concurrence et la compétition mais sur la solidarité et la confiance. Elle s'inscrit également dans une relation à soi-même qui n'est plus basée sur le culte de la performance et de l'infaillibilité.

Fabriquer et partager de la joie, c'est sans doute la meilleure solution pour sortir de ce que Patrick Viveret nomme la « crise émotionnelle », qui ronge nos sociétés d'abondance en les plongeant dans une angoisse et une dépression collective dont on cherche à se sortir à travers toujours plus de croissance, plus de consommation et plus de stress.

Préface

« Et si on choisissait d'être heureux ? » interroge Dominique Chapot. Et si la joie était un choix tout autant politique que personnel ?

Loin de la compétitivité, de l'individualisme forcené, du règne de la seule raison raisonnante, Dominique Chapot évoque la joie comme outil de réalisation personnelle et comme moteur de transformation du monde. Non, la joie n'est pas une émotion politiquement incorrecte, en lien unique à la sphère privée. La joie est une émotion politiquement nécessaire !

La joie, c'est l'intelligence du cœur. Elle permet de sortir d'une vision binaire de la vie et d'expérimenter une approche ternaire qui renvoie aux trois intelligences spirituelles : intelligence de l'esprit, intelligence du corps et intelligence du cœur. Nous sommes ce tout. Si on veut donner toute sa force à la raison, il faut l'intégrer à toutes les intelligences. L'intelligence émotionnelle en fait partie. Déconnectée de l'émotion et poussée à l'extrême, la raison raisonnante peut se voir mise au service d'une instrumentalisation dangereuse, coupée de tout socle éthique, humain, spirituel. La solution finale nazie en fut la preuve tragique.

La joie joue un rôle majeur dans la lutte contre les peurs, et ses bienfaits ne se limitent pas à l'individu : le collectif est concerné. Le creusement des inégalités sociales conduit aujourd'hui – comme ce fut le cas dans les années trente – à nourrir les peurs des catégories qui craignent pour leur avenir ou celui de leurs enfants. Et ces peurs, si on ne traite pas leurs causes, donnent naissance à des logiques de repli, de refus d'autrui et, finalement, à l'attente de solutions autoritaires, bref à de grandes régressions émotionnelles. C'est ce que Wilheim Reich, dans son analyse de la « psychopathologie du fascisme », avait appelé la « peste émotionnelle ». Combattre ces peurs, c'est bien sûr s'attaquer aux causes sociales, économiques et politiques de ces inégalités, mais c'est tout autant privilégier des politiques favorables à l'art de vivre, au bien-être, en construisant de l'intelligence émotionnelle collective et en la partageant. La joie contre la peur, contre le mal-être.

Un des enjeux essentiels de la question démocratique est en effet de mettre au cœur du débat les problèmes de mal-être et de maltraitance interhumaine. Dans nos sociétés surdéveloppées matériellement, nous voyons bien que l'existence de situations de grande pauvreté, voire de misère, n'est pas due à une rareté globale de richesses mais à leur inégalité de répartition puisque l'opulence des plus riches est devenue par ailleurs obscène. Mais même à l'échelle mondiale, les problèmes de malnutrition, de soins, de manque en eau potable, etc., ne sont pas dus à un manque de moyens, en tout cas pas financiers. Selon le programme des Nations unies pour le développement, 60 milliards de dollars annuels supplémentaires permettraient de traiter avec succès trois grands problèmes de l'humanité : la faim, le non-accès à l'eau potable et le non-accès aux soins de base. On ne trouve pas ces 60 milliards, mais les seules dépenses mondiales de publicité s'élèvent à 700 milliards de dollars. Le budget de l'armement, lui, est vingt fois supérieur (1 200 milliards de dollars) à la somme qui permettrait de venir à bout de ces grands problèmes humanitaires. Quant au budget des stupéfiants, il dépasse les 600 milliards de dollars.

Ce triste constat met un point en lumière. Les raisons pour lesquelles la famine n'est pas éradiquée de la surface de la terre résident dans la création de raretés artificielles produites par le mal-être : l'armement, la drogue ou la publicité... cette publicité qui promeut l'avoir à la place de l'être. Posséder, puis désirer encore, être satisfait, puis en manque. Etc. La limite entre la consommation et la toxicomanie est vite franchie.

Les logiques dominantes du mal-être ne peuvent pas être traitées sans que soit posée la question au niveau de l'être. Considérons le paradoxe d'Adam Smith dans son ouvrage célèbre sur les causes de la richesse des nations : l'économie existe pour sortir l'humanité de la pénurie ; une fois cette fonction remplie, elle peut aborder les grands problèmes fondamentaux, comme ce qu'il appelle la « construction d'une République philosophique ». Tous les grands économistes, Marx y compris, ont considéré que l'économie devait laisser la place à des tâches plus hautes (politique, culture, spiritualité). Mais, au regard du monde actuel, on peut se rendre compte que l'on assiste à l'inverse de ce que prônent ces théories. Bien que toutes les conditions de la sortie de la pénurie soient réunies, bien que l'on dispose des moyens nécessaires pour l'éradiquer et malgré l'abondance matérielle, la misère reste dramatique pour des milliards d'êtres humains. Aucune autre civilisation que la nôtre n'accorde autant de place à l'économie. Elle est devenue une religion, faite de croyances, d'obsessions mentales, ce que Joseph Stiglitz, Prix Nobel d'économie, a appelé le « fondamentalisme marchand ».

Car le plus difficile n'est pas de coproduire de la richesse (n'oublions pas que la nature fait gratuitement une bonne partie du travail !), mais c'est de la vivre ensemble.

On a détourné l'attention de la question difficile, la difficulté de la condition humaine, pour se concentrer sur la question de la production. Il est effectivement plus facile de résoudre l'équation « comment survivre ? » que de répondre à la question « pourquoi vivre ? ». Pourquoi vivre quand on sait que l'on va mourir ? La vie est au cœur de la question humaine.

Dominique Chapot propose de « reprendre le contrôle de sa propre vie grâce à la joie ». On est donc dans le changement personnel et politique. Le changement de posture consiste à reprendre du pouvoir sur sa propre vie. À se réapproprier le pouvoir de création. Le pouvoir alors n'est pas à prendre, mais à créer. Chacun peut le faire. La joie est à somme positive car le pouvoir *de* est multiplicateur alors que le pouvoir *sur*, fondé sur la domination, est aussi celui de la peur, celle de le perdre.

Ralentir, changer son regard, vivre autrement. Un changement nécessaire que l'auteure met en évidence avec talent et qui rejoint bien l'expérience du collectif pour une autre approche de la richesse qui propose, autour du thème québécois du « produit intérieur doux », des « parcours » permettant de découvrir d'autres manières de compter, d'échanger, d'autres rapports au pouvoir et au temps. Il nous faut en particulier cesser de considérer le temps comme une menace (ce temps du stress contre lequel on court ou ce temps de l'ennui que l'on cherche à tuer), comme si le but de notre vie était l'immobilité. C'est une des raisons paradoxales qui font que les sociétés sont fascinées par l'argent, symbole d'un règne minéral, fut-il précieux. Cette fascination pour l'immobilité entre en contradiction avec la vie même, qui est faite de mouvements, d'impermanence. Or on ne peut vivre qu'en épousant ce mouvement, qu'en faisant pleinement de la vie un voyage partagé, non exempt d'épreuves, certes, mais qui peut toujours être vécu intensément, « à la bonne heure ».

Alors, avec Dominique Chapot, entrons dans la danse, dans une posture nouvelle. Avec et grâce à cet ouvrage, cultivons la joie, partageons-la, devenons acteurs de notre vie et améliorons le monde en passant de la tension (de la course, du stress et de la rivalité) à l'attention de la pleine présence à la vie, à l'univers, à nous-mêmes et à autrui, qui est justement celle de la joie !

Patrick VIVERET

Prologue

Je cours après le dernier métro. J'ai perdu mes valises. J'ai perdu mes chaussures. Le quai est presque entièrement désert. Le métro est parti. Les couloirs sont froids et mal éclairés, les murs lépreux, noircis de vieilles affiches qui pendent en lambeaux. Je cherche la sortie. On m'indique une direction. Pas de sortie. Des couloirs, encore des couloirs. Des escaliers, des tunnels. Je monte, je descends, j'ai mal aux pieds. Je tourne et je retourne, je suis en retard. Je suis toujours en retard. Ce n'est jamais de ma faute, on m'a trompée en m'indiquant un mauvais chemin. Des gens me regardent et rient de mon désarroi.

La colère m'envahit. Je hurle, mais personne ne m'entend. Je n'ose plus rien demander aux rares personnes qui se trouvent encore là. J'ai perdu mon ticket. Ou bien, je n'en ai jamais eu. Je suis entrée ici par effraction. Oui, c'est cela, par effraction. Le tunnel est de plus en plus étroit. Je dois me baisser pour y pénétrer. Maintenant, il me faut ramper.

J'ai peur. Je veux crier, aucun son ne sort de ma gorge. Toutes les portes sont verrouillées. D'ailleurs, il

n'y a plus de portes. Mes jambes ne soutiennent plus mon corps. Je voudrais m'enfuir, mais mes jambes se dérobent.
Je me sens triste, si triste. Abandonnée. Je me recroqueville dans un coin et je pleure en silence. Je vais rester là et me laisser mourir. Je n'ai plus le choix. Pleurer jusqu'à en mourir.

Soudain, un rayon de lumière filtre à travers les rideaux de ma chambre. Quelqu'un dans la cuisine prépare du café. Le tintement de la cuillère sur la porcelaine de la tasse gonfle mon cœur d'une joie inattendue. Le parfum du café est un miracle. Je suis vivante !

La joie, la seule émotion capable de nous sauver de la colère, de la peur et de la tristesse, se cache parfois dans le parfum d'un café ou le tintement d'une cuillère. Mais savons-nous toujours la reconnaître dans le tumulte de nos vies ? À force de nous épuiser à courir après le bonheur, nous oublions de nous arrêter pour goûter la joie au bord du chemin. Comme un randonneur un peu trop pressé d'arriver à son but oublierait de faire des pauses pour savourer le paysage.

Si nous courons trop vite, c'est peut-être que nous éprouvons le besoin impérieux d'atteindre ce fameux bonheur dont on nous répète qu'il est le but de l'existence. Peut-être pensons-nous que nous n'aurons pas assez de temps pour y parvenir, ou bien qu'il n'y en aura pas pour tout le monde... Il faut se hâter de prendre sa part avant qu'il ne soit trop tard ! Nous avons besoin de bonheur ! Abraham Maslow l'affirme : tous les comportements humains sont motivés par des besoins. Or tous les humains ont les mêmes besoins fondamentaux : des besoins physiologiques, des besoins de sécurité et de liberté, des besoins d'amour et d'appartenance, des besoins d'estime et des besoins de réalisation de soi et de sens. Lorsque nous parvenons à combler nos besoins, nous sommes satisfaits. En revanche, lorsque ces besoins sont frustrés, nous ressentons des émotions comme la peur, la colère ou la tristesse.

Qu'on nous prive – ou qu'on nous menace simplement de nous priver – de notre repas ou de notre salaire, qu'on nous sépare de ceux que nous aimons, qu'on nous humilie ou qu'on nous asservisse, et nous éprouvons immédiatement des émotions de colère, de peur ou de tristesse. Nous adoptons alors ce que Laborit nomme des « comportements d'adaptation » destinés à échapper à ces émotions pour retrouver un certain équilibre interne. L'apaisement que nous procurent ces comportements de lutte, de fuite ou de repli illustrés par le rêve présenté précédemment n'est que provisoire car il ne comble pas le besoin frustré. L'émotion étouffée menace alors de réapparaître sous une autre forme, plus pathologique : la colère mal gérée engendre violence et culpabilité, la peur mal gérée engendre débâcle, violence ou prostration, la tristesse mal gérée engendre dépression ou suicide.

Face aux émotions désagréables que nous imposent les contraintes du réel, la seule arme efficace est la joie, affirme Nicolas Go. Hélas, nous ne savons pas manier cette arme pacifique. Nous n'avons pas appris à « éprouver la puissance constructive de la joie ». Nous avons été bien plus éduqués à répondre aux agressions par la violence *(struggle for life)*, par la compétition (« Tu dois être le plus fort »), par la souffrance silencieuse ou par l'abnégation de soi (« Serres les dents »). Comme si la joie n'était pas une émotion digne de considération. Comme si la joie était un luxe à remettre à plus tard ou réservé à quelques privilégiés, quelque chose de superflu, voire d'inutile.

Nous sommes nombreux à magnifier la souffrance et à n'accorder à l'expression de la joie que des espaces de vie mesurés, codifiés et bien structurés : les vacances, le carnaval, les mariages, les pots de fin d'année…

Pourtant, à chaque problème auquel le quotidien nous confronte, il existe une « juste » réponse. Pour traverser la forêt de la vie, il y a au moins un bon chemin. Personne ne peut nous l'indiquer, chacun de nous doit le découvrir en fonction de son projet de vie et avec les outils qu'il possède. Tracer son propre chemin de vie constitue un défi réalisable qui demande de la vigilance, de la persévérance et de la perspicacité, ainsi que l'utilisation d'outils adaptés et efficaces.

Si nous changeons notre regard sur les épreuves de la vie et si nous décidons de les considérer comme des défis, des énigmes à résoudre, si nous renonçons aux bénéfices secondaires que nous apportent les habitudes de la colère (exercer du pouvoir, par exemple), de la peur (se faire protéger) ou de la tristesse (se faire plaindre), nous retrouverons plus facilement la route de la joie. Il est facile de reconnaître cette route, c'est celle sur laquelle nous nous sentons immédiatement en toute sécurité et en harmonie avec le reste du monde. Sur la route de la joie, le monde nous apparaît soudain beaucoup moins dangereux, les autres sont bienveillants et dignes de confiance. Ils nous semblent plus beaux, plus généreux, plus souriants, plus sympathiques. La route de la joie mène à l'auberge espagnole, on y trouve ce qu'on y apporte.

Nous pouvons choisir cette route, quels que soient les problèmes auxquels nous ne manquerons pas d'être confrontés, même si la vie porte en elle la souffrance et la mort, et que personne ne sera épargné. Faire un premier pas pour sortir de la souffrance, c'est déjà sortir de la souffrance… à condition de faire ce premier pas sur la route de la joie. Toutes les autres routes ne sont que des impasses : elles nous éloignent provisoirement du problème, mais ne le règlent pas. S'y engager, c'est se condamner à tourner en rond et à se cogner la tête contre les parois de notre prison intérieure comme une mouche coincée sous un verre et qui cherche la sortie, s'agite et s'épuise en vains efforts.

Choisir la joie, c'est choisir la liberté et le contrôle de sa vie. Si nous hésitons souvent à choisir la joie, c'est peut-être aussi parce que la liberté fait peur. Elle nous oblige à renoncer au confort des habitudes, qui, même nuisibles, nous fournissent des repères.

Chacun de nous peut décider aujourd'hui même de changer ses habitudes nuisibles pour emprunter ce nouveau chemin, quel que soit son emploi du temps de la journée à venir. J'entends déjà les objections : « Oui, tout cela est bien joli, mais… » Sachez que tous nos « oui, mais… » ne sont que des résistances inconscientes au changement. L'école de Palo Alto nous enseigne à remplacer nos « oui, mais » par des « et en même temps », beaucoup moins fermés à la possibilité d'une évolution vers une meilleure qualité de vie.

L’inconvénient d’être né…

Tous ces « oui, mais... » qui empêchent la joie

« OUI, MAIS LES AUTRES, C'EST L'ENFER ! » OU LE PARADIS EST UNE ÎLE DÉSERTE

Si l'on pouvait se débarrasser (provisoirement) de tous ceux qui nous gênent, de tous ceux qui nous empêchent d'être heureux ! Les parents, les enfants, les professeurs, le concierge, les voisins, le boucher, les journalistes, les étrangers, les grands, les petits, les riches, le facteur, les politiciens, la belle-mère et tous les autres, les méchants, les menteurs, les automobilistes, les piétons, les touristes, les vieux, les jeunes, les bourgeois, les pauvres, les gendarmes et les voleurs... Comme la vie serait plus facile sans tous les autres, sans les empêcheurs de tourner en rond ! On pourrait enfin tourner en rond dans notre bocal, et il ne se passerait jamais rien ! Quelle perspective ennuyeuse, finalement.

Sans les autres, plus de raisons de se mettre en colère ni d'être triste, c'est vrai, mais plus de raison de se réjouir, non plus ; la solitude et l'ennui ne font jamais bon ménage avec la joie.

Oublions le fantasme de l'île déserte, et cherchons la joie au milieu des autres, en leur présence. Et pourquoi ne pas partager cette joie avec les autres ? Partager sa joie, c'est aussi l'amplifier : plus on la partage et plus on en a. N'avez-vous pas remarqué que plus vous racontez un épisode heureux de votre vie, plus vous le revivez et plus vous en ressentez les bienfaits dans votre corps ? Voyez comme les adolescentes aiment se téléphoner pendant des heures pour se raconter et se raconter encore leurs émotions d'amour, histoire de les revivre à travers ces récits.

Ces « oui, mais il y a les autres » entretiennent le déni de notre propre responsabilité dans ce qui nous arrive, et nous privent par là même de notre possibilité d'agir sur notre destin. Finalement, ce ne sont pas les autres qui sont infernaux, mais bien souvent le regard inquiet que nous portons sur eux qui crée en nous un enfer.

« OUI, MAIS SI SEULEMENT... » OU LES CONTRAINTES DU RÉEL

Vivre, c'est d'abord s'adapter aux contraintes du réel. Respirer, rejeter le gaz carbonique et garder l'oxygène. Manger, digérer et transformer les aliments en énergie, puis rejeter l'excédent. Dormir, se reconstituer régulièrement des forces. Faire un détour pour ne pas se cogner contre les meubles. Traverser sur les passages cloutés pour sauver sa peau...

Nous avons le choix : ou bien nous nous soumettons aux contraintes que la vie impose à notre corps, ou bien nous cessons de vivre. S'il nous arrive parfois de rêver d'échapper à ces contraintes, notre corps nous rappelle bien vite à la réalité : il faut en permanence prendre soin de la vie en nous. Nous ressentons souvent ces contraintes comme des obstacles à notre joie de vivre, alors qu'elles ne sont que défis ou messages de prudence.

Abandonnons notre sentiment infantile de toute-puissance et d'autosuffisance, et préservons notre intégrité physique et mentale en faisant l'effort quotidien de nous adapter à la réalité. Chaque défi surmonté est une source de joie. L'émergence de la joie est intimement liée à notre capacité à préserver la vie en nous : je peux être joyeux lorsque je suis reposé, en bonne santé et rassasié. Si nous voulons goûter la joie, nous devons faire en sorte de rester vivants dans les meilleures conditions possibles, et donc apprendre à composer avec les contraintes du réel.

« OUI, MAIS IL FAUT ÊTRE RAISONNABLE » OU LA DICTATURE DE LA RAISON

La société moderne occidentale oppose la joie et le sérieux. Selon ses critères, on ne peut pas être à la fois sérieux et joyeux. Depuis Descartes, l'impérialisme de la raison domine la civilisation. Le culte de la raison s'est développé avec les progrès de la science et l'organisation de la société sur des valeurs « masculines » : domination, force, matérialisme, puissance, conquête, compétition, gloire, possession, technique... Ces valeurs sont, en effet, mieux servies par la raison que par l'émotion. Nous vivons sous le règne des valeurs défendues par les sciences « dures ». Tant qu'on ne peut prouver qu'elles sont fausses, elles sont considérées comme vraies. Les sciences humaines, qui ne sont pas des sciences exactes, sont dévalorisées, parfois même assimilées à des superstitions. Le niveau de bonheur d'une société se mesure bien plus à son taux de croissance économique qu'à la qualité des échanges entre ses membres et qu'à l'équilibre psychologique de ces derniers.

Tout ce qui relève du domaine de l'émotion est soumis à une logique qui échappe aujourd'hui aux sciences « dures ». Dans notre civilisation technique, scientifique, matérielle, nos dirigeants ont intérêt à maintenir la suprématie de ce qu'ils contrôlent. L'émotion, dont la genèse et les conséquences leur échappent, constitue parfois un frein à l'évolution de la science et au progrès de l'humanité. Par exemple, l'émotion éprouvée par ceux qui dénoncent les expériences scientifiques sur les animaux vivants freine l'évolution de la recherche médicale. Il devient alors nécessaire de l'ignorer ou de la balayer d'un revers de la main.

Or la joie est la plus puissante des émotions. Comme toute émotion, elle est donc culturellement suspecte, et son expression doit être socialement contrôlée. On ne peut se réjouir de tout et n'importe où. L'interdiction de la musique dans certains pays totalitaires en est un exemple frappant. Même dans les sociétés plus démocratiques, les fêtes sont encadrées et codifiées. Elles se déroulent dans un temps compté et un espace mesuré. Le jour de l'an, Noël, le carnaval ou une victoire aux jeux Olympiques sont des événements où l'on manifeste un certain type de joie à un certain endroit et pendant un certain temps. Puis la raison reprend ses droits, et avec elle le sérieux, qui est une « juste » dose d'énergie située entre la joie et la tristesse, et qui semble correspondre à ce que l'Occident considère comme une forme de sagesse.

Pourtant, ce regard méfiant sur l'émotion commence à évoluer, grâce à des médecins, à des sociologues et à des chercheurs, comme Antonio Damasio, qui tentent de réhabiliter le concept d'intelligence émotionnelle, grâce à tout un mouvement qui s'amorce vers une meilleure qualité de vie. On le constate notamment à travers l'intérêt croissant porté aux sagesses venues de l'Orient, aux mouvements mondialistes alternatifs, à l'intérêt pour l'écologie et les produits bio, à l'approche nouvelle de l'éducation proposée par certains pédagogues et aux questions des philosophes contemporains. Comme un écho aux mouvements humanistes de l'après-Mai 68, qui se sont laissés plus ou moins engloutir par le système économique mondial. La dictature de la raison serait-elle en train de montrer ses limites ? La petite graine des émotions serait-elle en train de se frayer un chemin à travers les fissures de la dalle en béton de la raison ?

« OUI, MAIS EST-CE QUE JE LE MÉRITE VRAIMENT ? » OU LA MAUVAISE ESTIME DE SOI

Une mauvaise estime de soi est toujours à l'origine de l'incapacité chronique de croire en ses possibilités d'évoluer vers plus de joie. Cette croyance est un frein puissant. Pour nous protéger ou par maladresse, parfois même par malveillance, les autres construisent, avec notre complicité, des murs autour de nous, pendant notre enfance essentiellement. Les « Tu es nul », « Tu n'y arriveras jamais », « Tu ne pourras pas, c'est impossible, laisse tomber » jalonnent notre vie tandis que nous construisons notre cerveau et que nous apprenons à nous mesurer aux éléments, aux événements, aux autres et à nous-mêmes.

Tout ce qui ne correspond pas, en nous, à ce que nous pensons que les adultes attendent de nous nous remplit d'un sentiment de culpabilité : « Je suis responsable de ce qu'éprouvent les autres à mon égard, je suis responsable de leurs insatisfactions et de leurs déceptions, ils sont malheureux à cause de moi. » *Mea culpa*. Le sentiment de culpabilité nourrit le manque d'estime de soi.

Les habitudes de pensée prises dans l'enfance s'impriment durablement et persistent à l'âge adulte. Entre « Je ne suis pas capable de faire le bonheur de papa et de maman » et « Je suis responsable de leur malheur » s'installent une faible estime de soi et la culpabilité comme composantes durables de notre personnalité. Nous construisons notre image à l'intérieur d'un cocon familier dont les parois deviennent imperméables à la joie. Daniel Favre nous invite à « percer le mur de notre cocon » pour que la chenille devienne papillon, qu'une nouvelle vie s'offre à nous. En perçant ce cocon, nous nous lançons des défis pour modifier l'image de nous qui est dévalorisée par notre immobilisme. C'est en perçant le cocon chaque jour que nous pourrons marcher vers plus de joie et vers une meilleure estime de nous-mêmes.

« OUI, MAIS IL Y A LA MALADIE, LA SOUFFRANCE, LA MORT » OU LE TRAGIQUE DE LA VIE

Lorsque le nouveau-né paraît, il ne sait pas encore qu'avec la vie lui sont attribuées la maladie, la souffrance et la mort. Le désir inconscient de vivre, malgré cela, s'oppose au néant qui le menace à chaque instant. La promesse de joies à venir le relèvera de toutes les chutes, le redressera sous le poids de tous les fardeaux, lui permettra de dépasser les angoisses liées à sa propre fin et à celle des siens. C'est la joie qui le détournera des pensées morbides, qui l'aidera à dominer les peurs et les colères qui jalonneront inévitablement sa vie. La joie ou la promesse de la joie le soutiendront pour qu'il ne renonce jamais.

Même au plus profond du gouffre, lorsque le corps et l'esprit se détournent ensemble de la vie, il reste toujours au fond de soi une puissance inconnue qui se mêle d'étrange façon aux douleurs de notre âme. Le chagrin prend alors un goût d'espoir qui nous interroge : « Et si je m'en sortais ? » On appelle cela l'instinct de survie. La vie est tragique, certes, puisqu'elle se termine tragiquement, mais est-ce une raison suffisante pour la vivre comme une tragédie ?

Serait-ce que la joie est bien là, permanente, blottie au fond de chacun de nous, attendant son heure ? Alors, ce n'est pas la joie qui est inconstante, mais c'est bien nous qui le sommes. Il devient urgent de faire la chasse aux « oui, mais… » qui empêchent la joie de s'installer durablement dans nos vies.

ENTRAÎNEMENT :
LA CHASSE AUX « OUI, MAIS… »

- Dans un premier temps, entraînez-vous à traquer les « oui, mais… » que vous observez chez les autres.
- Observez les mots qui suivent chaque « oui, mais… » et voyez comme, bien souvent, il s'agit de faux prétextes.
- Observez comme, le plus souvent, les mots qui suivent ces « oui, mais… » ne servent qu'à justifier l'immobilisme, à consolider les habitudes, à ne surtout rien tenter, à éviter le moindre risque.
- Soyez généreux, ne leur faites pas la morale, attendez d'avoir combattu vos propres « oui, mais… » !
- Lorsque vous les aurez repérés chez les autres, traquez-les chez vous et soyez honnête : au lieu de dire « oui, mais… » dites « non, car… ». Ce terme est plus impliquant, plus responsabilisant, plus difficile à dire, aussi. Vous pouvez également dire un vrai « oui » sans restriction…

Faisant cela, vous sortirez des paradoxes qui font obstacle à une bonne communication avec les autres et avec vous-même. C'est déjà un premier pas vers une « écologie des relations » qui est une grande source de joie.

La joie, une émotion politiquement incorrecte

LA JOIE N'EST PAS SÉRIEUSE

Dans certains milieux, comme l'entreprise, les manifestations de joie sont perçues comme une marque d'irresponsabilité. On ne demande pas à l'adulte d'être joyeux, on lui demande d'être sérieux. Le travail, la productivité, la politique, la gestion, les réunions d'affaires, l'économie, l'emploi du temps, c'est sérieux ! Le temps, c'est de l'argent, on n'est pas là pour rigoler !

Comme si l'expression de la joie constituait un handicap à la bonne marche de la société. Comme si la souffrance, la tristesse et le stress étaient les garants du savoir-faire et de la confiance accordée.

Pourtant, nous avons le devoir d'être heureux, par reconnaissance envers ce que les autres nous apportent : « Comment oses-tu te plaindre, avec tout ce que tu as ! »

Faut-il comprendre que nous avons le devoir d'éprouver la joie et, en même temps, celui de l'étouffer ?

Grande est la capacité humaine à étouffer les sentiments,
y compris celui de la joie. C'est à peine si l'on en prend
conscience, tant est ancienne, parfois, l'habitude
de chasser un tel sentiment – hôte indécent ! Pourquoi un
interdit sur ce qui pourrait ressembler à de la joie ?
À cause des liens de jadis : un père, une mère,
un tout proche allait mal, on ne pouvait pas se permettre...
Et le réflexe a survécu : la souffrance d'autrui est encore vécue
comme un interdit de goûter à la joie de vivre.
Le conditionnement a pris de l'ampleur avec les années :
comment être heureux quand le monde va si mal ?

LYTTA BASSET

VEUILLEZ RÉSERVER VOTRE JOIE À LA SPHÈRE PRIVÉE !

La sphère publique est ainsi devenue, d'un commun accord, le lieu de l'interdit de la joie. Et plus particulièrement la sphère publique urbaine. C'est le fief par excellence des hommes d'affaires, des gens sérieux qui n'ont pas le temps de rire, ni même l'esprit assez libre pour sourire. Les transports en commun en sont une illustration flagrante. N'essayez pas d'entrer dans le métro en chantant ou en souriant à tout le monde, on vous prendrait vite pour un fou ! La norme, c'est de « faire la gueule ». Vous êtes prié de vous comporter normalement ! Vous chanterez dans votre salle de bains, mais pas ici. Circulez ! Sans rire ! Une pièce de théâtre qui sillonne en ce moment la France nous interroge : « Peut-on avoir été conçu dans l'amour et faire la gueule dans les transports en commun ? » Si les artistes se posent la question, on peut espérer que d'autres se la poseront aussi.

En attendant, nous avons rarement l'envie de rire dans les transports en commun. Nous sommes bien trop fatigués pour cela, et bien trop préoccupés aussi. Nous participons à la course aux progrès techniques et scientifiques avec frénésie. C'est vrai qu'ils nous procurent toujours plus de confort et de sécurité matérielle. Pourtant, nous commençons à nous demander si la joie liée à la consommation d'objets ou de loisirs suffit à nous rendre heureux et si la joie de consommer n'a pas plus à voir avec l'émotion que nous éprouvons au moment de l'acquisition d'un objet qu'avec l'objet lui-même ? Cela pourrait expliquer la boulimie d'achats compulsifs et les surendettements.

Il n'est pas question ici de renoncer au confort, ni même au plaisir de consommer, mais de ne pas faire dépendre sa joie de cette unique source – ces plaisirs sont toujours éphémères – et, au-delà de cette idée, de ne faire dépendre sa joie d'aucun facteur extérieur à soi. Ainsi, la joie redevient permanente en soi. Les événements de la vie quotidienne et les conventions sociales qui nous interdisent son expression ou nous la réglementent perdront leur pouvoir de l'altérer.

LUTTONS CONTRE CET INTERDIT DE LA JOIE

Ne nous résignons pas à entrer dans le moule. Refusons de toutes nos forces de participer à la dépression nerveuse collective qui s'abat sur les pays riches. Entretenons la joie de vivre en nous et partageons-la largement avec les autres. S'appliquer à entretenir la présence de la joie en soi en tout lieu et à toute heure n'est pas un acte égoïste. C'est notre contribution active à un monde meilleur. L'évolution du monde vers un monde plus joyeux commence par sa propre évolution vers un individu plus joyeux. La quantité et la qualité des moments de joie que nous offrons à notre existence construisent notre personnalité et modifient le monde autour de nous en influençant les autres. N'avez-vous jamais ressenti l'envie irrépressible de chanter après avoir croisé un passant qui fredonne un air joyeux ?

À travers la prise de conscience de la présence en soi de la joie, quels que soient les événements extérieurs, et de notre capacité à la réveiller, je vous propose d'éprouver les sensations extraordinaires et le pouvoir d'action que la puissance de la joie procure. Il s'agit, à travers un effort de lucidité quotidien, de construire en soi ce que, par habitude ou par méconnaissance, on demande au monde extérieur de nous apporter. Le monde autour de nous devient ce que nous en faisons chaque jour. Il se modifie à travers le moindre de nos actes. La joie est un outil à la portée de tous pour construire le siècle à venir. Chacun de nous peut changer le monde en créant des petits îlots de joie rayonnant à partir de sa propre joie intérieure. La joie, c'est la petite lumière au fond de soi, celle qui persiste à luire au plus noir de la nuit, celle qui résiste à la tempête, qui vacille souvent, qui menace de s'éteindre parfois mais finit toujours par triompher des orages et des vents les plus violents. La joie, c'est la braise qui couve sous la cendre et qui n'attend que notre souffle pour s'enflammer à nouveau.

La joie, c'est la puissance capable de s'opposer à l'angoisse du vide auquel l'idée de la mort nous confronte. C'est l'arme la plus efficace contre le mal et la peur. C'est notre plus grande richesse. Déceler sa présence constante en nous et l'attiser régulièrement est une nécessité pour survivre et pour aider les autres à vivre. C'est un devoir de reconnaissance envers la vie. Sauvons la joie de vivre !

La joie malgré tout...

La vraie nature de la joie

La joie ne dépend pas d'une cause extérieure,
c'est la possibilité d'un rapport au réel.

NICOLAS GO

L'homme naît tout prêt pour la douleur,
avec un appareil héréditaire de transformation
et de résistance, dont la pièce majeure est la joie.

LÉON DAUDET

LA JOIE EST UNE RÉJOUISSANCE INCONDITIONNELLE *DE* ET *À PROPOS* DE L'EXISTENCE

Selon Nicolas Go, « la joie est une réjouissance inconditionnelle *de* et *à propos de* l'existence ». La nature de la joie serait donc « le plaisir intense de se sentir en vie ». Si la joie d'être en vie n'est pas consciente à chaque instant de la journée, c'est sans doute que nous considérons le fait d'être vivant comme un état normal. Alors que c'est un miracle. Prenons le recul nécessaire pour observer l'enchaînement des événements qui ont précédé notre naissance, nous ne pouvons qu'être étonnés d'être là. Étonnés et éblouis. Prendre conscience de cette chance nous remplit de joie. Cette joie inconditionnelle, nous la possédons peut-être au moment de notre naissance, nous sommes équipés de ce que Léon Daudet appelle « un appareil héréditaire de transformation et de résistance », mais nous en oublions souvent le mode d'emploi lorsque nous sommes surpris par la dureté et la violence du monde.

La joie est le sentiment de la persévérance dans l'existence en dépit de ce qui pèse, entrave ou limite dans la souffrance.

BERNARD HONORÉ

Ce sont les autres autour de nous, et plus particulièrement nos parents ou ceux qui en assument le rôle, qui, par leur présence et leurs soins, nous encouragent à persister dans notre désir de vie, en dépit de ce qui nous arrive. Privée de ces soins constants, la joie initiale se détache de notre esprit comme des lambeaux de peau se détacheraient de notre corps, nous laissant un peu plus nus et un peu plus vulnérables à chaque fois. La joie se retire au fond de nous pour ne plus subir les assauts du réel, comme un soldat sur le front s'enterre dans une tranchée pour attendre des jours meilleurs. Bien que tapie au plus profond de nous, silencieuse, elle demeure vivante. Il nous appartient de la retrouver, de l'encourager, de l'entretenir. Associer volontairement chaque jour « joie » et « conscience d'être en vie » peut nous habituer à considérer davantage les aspects positifs de notre existence.

LA JOIE EST LE DÉSIR DE PERSÉVÉRER DANS SON ÊTRE

Nous pouvons éprouver la joie malgré la souffrance. Selon Bernard Honoré, la joie n'est pas opposée à la souffrance, qui, dans la persévérance, correspond à l'endurance.

Parfois, au milieu de votre souffrance, alors même que vous étiez tenté de baisser les bras, vous avez peut-être senti quelque chose en vous qui, de temps en temps, vous aidait à reprendre votre souffle pour continuer à vivre, et vous avez, grâce à cela, repris courage.

Un athlète à la limite de sa performance ressent une vive douleur. Il a alors le choix, ou bien d'abandonner son effort et de supprimer ainsi la douleur (et en même temps la joie de se dépasser), ou bien de persévérer avec la douleur.

L'athlète considère la douleur comme un signal d'alarme qui lui indique la proximité de l'insupportable ; il repousse ses limites au maximum pour atteindre la joie du dépassement de soi.

Si vous êtes vivant, c'est que vous avez choisi cette seconde voie. Même inconsciemment. Pas de vie possible sans persévérance, sans entretien permanent du souffle de la vie en soi.

L'émotion de joie, c'est le choc de la victoire sur l'effort de persévérance, ce que ressent l'athlète à l'instant où il franchit la ligne d'arrivée malgré la souffrance.

Le sentiment de joie, c'est la conscience de cette persévérance, de la force et du pouvoir de cette persévérance.

LA JOIE EST PRÉSENCE

La joie procure la sensation immédiate d'être relié au monde. Elle met un terme provisoire à la solitude et au sentiment de séparation. Comme l'enfant fait un avec sa mère et avec le monde, l'adulte, en éprouvant en lui la force de la joie, éprouve sa présence unifiée au monde. L'expérience de la présence de la joie est tellement sécurisante qu'elle permet à celui qui l'éprouve de ne plus jamais se sentir seul ou abandonné.

Cette conception de la joie est proche du sentiment religieux décrit par les croyants. Que cette sensation de la présence se décline sur le mode laïque ou religieux, « la joie fonde un rapport d'adhésion au présent », pour reprendre les termes de Nicolas Go. Ce rapport d'adhésion semble correspondre à la philosophie bouddhique, qui nous incite à vivre pleinement l'instant présent. Selon cette conception, la joie serait proche de la sagesse. C'est sans doute la raison pour laquelle l'ouvrage de Nicolas Go *L'Art de la joie* a pour sous-titre *Essai sur la sagesse.*

LA JOIE EST PUISSANCE D'ACTION

Comme le souligne Patrick Viveret, nous payons le fait d'avoir occulté l'importance des relations humaines par ce que Keynes appelle une « dépression nerveuse collective des sociétés d'abondance ». Nous possédons beaucoup de richesses, même si elles sont mal réparties, et paradoxalement nous consommons de plus en plus d'antidépresseurs. Devant notre impossibilité à être heureux malgré les progrès de la science, des techniques et des communications, quelques esprits éclairés s'interrogent sur le manque. Nous cherchons la joie dans ce que Gilles Lipovetsky appelle la « puissance émotionnelle de la consommation ». Mais il s'agit d'une joie instable dépendant d'un objet ou d'un événement extérieur. Comme si la consommation était le but ultime de la vie. Or c'est bien la joie qui est le but ultime de la vie. Sans la présence de la joie en soi, nous nous sentons dépossédés au milieu de nos richesses matérielles et incapables d'agir.

À travers toujours plus de consommation, nous cherchons à retrouver le goût de la joie et de la motivation, qui procure un sentiment de puissance. C'est ce que recherche le déprimé dans ses antidépresseurs. Cette insatisfaction permanente devrait nous interroger sur la vraie nature de la joie.

La vraie joie ne mène pas au bord du vide. La vraie joie est celle qui allume le désir qui, à son tour, crée la motivation nécessaire pour passer de l'intention à l'action. Il y a, lorsque nous ressentons de la joie, une absence de préoccupation inquiète à propos de l'échec possible, un enthousiasme qui permet à l'énergie de se mettre en marche vers l'action à accomplir. On se sent puissant, capable, on est investi de la force et du pouvoir nécessaires pour agir favorablement. La joie nous invite à agir pour construire le monde autour de nous et nous en procure la force nécessaire.

La vraie joie est puissance d'action créatrice. C'est la joie de l'acteur qui entre en scène pour créer un univers, la joie du maçon qui se concentre sur le parfait alignement des briques pour créer une maison, la joie de la maîtresse de maison qui prépare un dîner pour recevoir ses amis. La joie, en multipliant nos forces et notre résistance, nous fournit la puissance d'action utile à l'accomplissement de tâches qui, sans elle, demanderaient bien plus d'efforts. La joie est une source de motivation très puissante.

Quelles sont les raisons biologiques qui nous impulsent cette force, cette envie d'agir ? Les circuits nerveux de renforcements positifs (« c'est bien », « c'est bon », « c'est beau », « cela m'apporte de la joie ») sont situés dans le système limbique du cerveau. Lorsqu'on active artificiellement cette zone chez le rat, l'animal recherche obstinément la situation ayant produit cette activation au détriment de toute autre activité, même de la recherche de nourriture ou d'accouplement. Dans l'expérience en laboratoire mené par Olds en 1987, le rat est mort d'épuisement à force d'activer le levier qui déclenchait cette stimulation. Cela s'explique biologiquement, car les circuits de renforcements positifs sont associés à la sécrétion des endorphines (morphines naturelles) et au fonctionnement des circuits de la sérotonine, de la noradrénaline et de la dopamine.

La joie est :

- constitutive de l'existence, permanente ;
- antérieure aux autres émotions ;
- indépendante d'une cause extérieure ;
- reproductible ;

- l'énergie de la motivation, indissociable du désir ;
- la force de résistance à la mort.

La vraie nature de la joie, c'est le désir inconditionnel de persévérer dans son être et de continuer à exister en dépit de tout.

PLAISIRS, DISTRACTIONS, JOUISSANCE, CONSOMMATION ET AUTRES PETITES JOIES DE L'EXISTENCE...

Les distractions sont-elles une source de joie ou bien une compensation à l'absence de joie ? Si chacun répond différemment en fonction de ce qu'il nomme « distractions », il me semble que l'objectif des distractions est, avant tout, de distraire l'esprit, de détourner les pensées d'une souffrance ou, plus simplement, d'une préoccupation. Ce détournement, même s'il mène parfois sur la route de la joie, comporte toutefois le risque de conduire vers un ailleurs où un sentiment agréable parvient à anesthésier provisoirement la souffrance. Un bon film ou une sortie entre amis font oublier provisoirement les soucis, mais gare à la fin de l'anesthésie, quand la douleur se réveille ! Quant aux plaisirs, s'il est légitime de les rechercher, Épicure nous met en garde : « Aucun plaisir n'est en soi un mal, mais certaines choses capables d'engendrer des plaisirs apportent avec elles plus de maux que de plaisirs. » Il paraît donc utile de mesurer les conséquences, à terme, des plaisirs dont nous abusons parfois. La bonne chair, l'alcool ou le sexe ne sont pas condamnables en eux-mêmes, mais nous apportent-ils toujours la joie que nous cherchons ? La gueule de bois n'est jamais très joyeuse ! À nous de sélectionner nos plaisirs en fonction de notre constitution, de notre santé, de nos besoins, de nos objectifs et de nos valeurs.

Consommation. Le mot est magique. Les politiciens mesurent la santé d'un pays à l'aune de son taux de croissance. L'homme occidental est d'abord un consommateur. On lui répète à longueur de journée que le bonheur est dans la consommation. Consommer est devenu son obsession. Il n'est pas, ici, question de diaboliser la consommation, mais d'admettre que trop de consommation tue le désir. L'homme moderne des pays riches est devenu un homme blasé et triste. Il n'éprouve plus le frisson du désir insatisfait, le crédit l'a fait disparaître. L'abondance le gave, le prive du goût délicieux de l'attente. C'est pourtant bien le désir de l'objet qui donne à l'objet toute sa valeur. Les grands séducteurs (et les grandes séductrices) vous le confirmeront sans aucun doute.

La jouissance, quant à elle, est un plaisir que l'on prend. Qui pourrait nous le reprocher ? Sauf que la jouissance d'un objet ou d'un privilège engendre la peur de perdre le droit à cette jouissance, et cette peur crée de l'anxiété. « Jouir de », c'est posséder. Nous sommes ici dans le registre de l'avoir. Et « avoir », c'est toujours prendre le risque de « ne plus avoir ».

La fonction de la joie

LA JOIE FONDE LE VIVANT

La joie serait donc, selon Nicolas Go, d'abord la joie d'exister. La joie « d'être au monde », de faire partie de ce monde. Nous sommes présents au spectacle du monde ; mieux encore, nous participons au spectacle. La capacité à être étonné, ébloui par ce spectacle, le désir de s'investir, d'intervenir dans le déroulement de la pièce, le plaisir d'en être un élément constituant, voilà l'essence de la joie. La joie est fondatrice. Elle fonde notre existence même. Nous pouvons décider de construire notre vie sur le terrain de la joie. Il s'agit d'abord d'apprendre à la reconnaître. Elle se manifeste à nous par un message intérieur qui nous émeut et semble nous dire simplement : « Tu es vivant. »

Dans la plupart de nos vies, il arrive des moments de grâce où nous nous sentons portés par les dieux bien au-dessus de nous. Des moments d'extase et de jouissance. L'amour, bien sûr, nous procure de ces instants magiques, mais aussi la danse, la musique, la prière, la contemplation d'une œuvre d'art, la lecture, la découverte d'une ville étrangère ou la prise de conscience en analyse, bref tous ces instants où nous oublions les contingences, où nous parvenons à nous dissoudre dans le présent jusqu'à ne faire plus qu'un avec lui et que Maslow nomme des « expériences paroxystiques ». Dans ces moments-là, nous comprenons ce qu'est la joie. Aucun mot ne pourra jamais en dire la beauté ni la force. On ne peut que tenter d'en approcher la réalité à travers la richesse de notre langue, mais sans jamais l'égaler, à part quelques poètes géniaux, peut-être.

La joie, telle que nous tentons de la définir ici et telle que Nicolas Go la conçoit, est indépendante de tout élément extérieur. Elle est constitutive de l'existence. Sa source est interne et ne peut être asséchée par aucun événement externe, sauf à perdre la vie puisqu'elle est indissociable du souffle de vie en nous.

ENTRAÎNEMENT : L'EXPÉRIENCE PAROXYSTIQUE

- Souvenez-vous de l'expérience la plus merveilleuse de votre vie.
- Souvenez-vous de tout ce que vous avez ressenti à ce moment-là. Souvenez-vous de ce bonheur immense qui vous a envahi soudain, de ce moment d'extase, de ce moment de

ravissement, de l'intensité de l'émotion dans laquelle vous vous êtes trouvé alors. Vous étiez soudain pétrifié, transcendé par tant de bonheur, les mots vous manquaient, vous étiez tout entier dans l'exaltation, la perfection, dans l'instant exceptionnel que vous viviez.
Il s'agit peut-être d'une expérience amoureuse, ou bien d'un morceau de musique ou d'une soudaine fascination devant un tableau ou un paysage, ou encore d'un moment de création, d'une prise de conscience en analyse... La nature de l'expérience importe peu, seule compte l'intensité des sensations et des émotions vécues dans votre chair à ce moment précis de votre vie.

- Isolez-vous mentalement et souvenez-vous de la lumière, des parfums, des bruits d'alors. Laissez remonter en vous le souvenir de ces sensations et de ces émotions. Cherchez-les dans votre corps, dans votre ventre, dans votre poitrine, dans vos épaules, dans vos yeux ou encore sur les traits de votre visage.

Maintenant que vous vous êtes connecté avec ce merveilleux souvenir, écrivez ce que vous avez ressenti à ce moment-là et dont vous avez gardé la trace en vous. Écrivez les bouffées de bonheur, les sensations, le cœur qui bat, comment vous vous êtes senti tellement différent de l'instant précédent, en quoi le monde vous est apparu soudain magnifique, infini, riche, unifié.

Gardez précieusement votre texte et relisez-le de temps à autre pour vous nourrir de cette émotion profonde et repérer ses manifestations dans votre corps. Elles sont les manifestations de la joie.

LA JOIE PERMET DE S'ADAPTER À LA RÉALITÉ

La nécessaire adaptation au monde défie notre joie de vivre au quotidien. Le défi est lancé au nouveau-né. La violence de la naissance provoque l'enfant à peine sorti du ventre maternel. Sa résistance à la douleur sera-t-elle assez puissante pour maintenir son désir (inconscient) de vie ? Et ce n'est que le début ! Bienvenu dans un monde de frustrations et de douleurs ! J'espère que tu es suffisamment équipé pour faire face à ce qui t'attend. Il te faudra une sacrée dose de joie pour surmonter les épreuves à venir ! Car on ne peut imaginer une vie sans souffrances, sans frustrations et sans pertes. Sans deuils et sans peurs. Vivre, c'est d'abord se confronter aux exigences limitantes du réel, à commencer par les exigences du corps : respirer, manger, boire, dormir. Vivre, c'est s'adapter. C'est lutter contre la mort à chaque instant. Vivre, c'est façonner son élan de joie pour ne pas prendre le risque de l'anéantir. C'est ainsi que l'enfant grandit en apprenant à différer ses plaisirs, en mettant un frein à son illusion de toute-puissance. L'adolescent qui veut éprouver son pouvoir sur le monde cherche à repousser les contraintes du réel. Il prend des risques pour mesurer les limites de son pouvoir et augmenter la puissance de sa joie. Il ressent le même élan vital que le petit enfant qui, sûr de sa force, part à la découverte du monde. C'est pourquoi des petites frustrations sont nécessaires tout au long de l'enfance. Elles nous apprennent les techniques de l'adaptation, elles nous évitent de nous briser sur des obstacles imprévus. Cela ne va pas sans peines. Chaque fois que notre élan de joie se heurte à un obstacle, notre joie de vivre est mise à l'épreuve. C'est le prix à payer pour continuer à vivre. Le rôle des parents et de tous les adultes est d'apprendre à l'enfant à supporter la frustration pour différer le plaisir.

Contrairement à la pensée partagée par la plupart d'entre nous, la joie ne dépend pas d'une cause extérieure favorable. Cette idée largement ancrée est née du désir inconscient d'un monde parfait comme condition nécessaire à la survenue de la joie, mais, dans le monde des vivants, la souffrance et la mort sont toujours présentes. La joie existe malgré cette imperfection, et peut-être même grâce à elle puisque son rôle est de la combattre. Avez-vous déjà imaginé un monde lisse dans lequel tout serait permanent et indolore, un monde où nous serions immortels ? Que feriez-vous de votre vie ? La joie de vivre y trouverait-elle sa place ?

La joie consiste en une attitude, une posture, un regard sur le monde et les objets qui le composent. C'est cette posture qui permet à l'humain de surmonter les épreuves les plus douloureuses et de dépasser ses peurs, cette capacité à survivre malgré tout pour l'amour de la vie. Sans cette force intérieure qu'est la joie, comment le petit d'homme pourrait-il fournir tous les efforts qui lui sont demandés pour grandir, marcher, parler, comprendre, étudier, se diriger, créer, modérer ses pulsions, partager, souffrir, aider, travailler ? À chaque menace qu'il perçoit dans son environnement, il apprend à réagir pour se protéger et continuer à vivre malgré le danger. Il puise sa force dans cet élan de vie en lui, cette joie intérieure qui le pousse à continuer en dépit des difficultés. La simple présence de cette joie est suffisante pour affronter et dépasser le mal qu'il ne manquera pas de croiser. La joie est la force qui se dresse face aux menaces contre notre intégrité et assure ainsi l'écoulement normal de notre existence.

LA JOIE EST L'ÉNERGIE DE LA MOTIVATION

La motivation, c'est l'énergétique des conduites.

JEAN PIAGET

La motivation correspond à ce que l'on veut faire par opposition à l'habileté et à la compétence qui correspondent à ce que l'on sait faire. On peut être capable de faire quelque chose et choisir de ne pas le faire, car rien ne nous motive.

Être motivé, c'est « avoir envie de ». Et pour avoir envie de quelque chose, il faut éprouver de la joie à sa simple évocation.

Des chercheurs américains, Miller, Galanter et Pribram, ont proposé en 1960 le célèbre modèle TOTE (Test Operating Test Exit) : toute action entreprise par un individu peut être considérée comme une recherche de réduction de l'écart entre une situation initiale et une situation finale jugée plus satisfaisante. La motivation prend naissance lorsque l'individu est en situation de tension. Il perçoit la situation actuelle (par exemple, « Je ne sais pas ») comme non satisfaisante et peut imaginer une situation future devenue satisfaisante (« Je sais »). Pour qu'il y ait motivation, il faut qu'il y ait déséquilibre, cognitif ou affectif, entre la situation actuelle perçue comme non satisfaisante (« Je ne sais pas faire cela » ou « J'en ai besoin ») et la situation à venir perçue comme satisfaisante (« Je saurai le faire », « Mon besoin sera satisfait »). C'est la joie ressentie lors de cette perception qui amplifie le désir d'agir, donc la motivation.

La joie nourrit, à la fois, l'élan qui nous pousse vers l'objet de notre désir et le plaisir éprouvé par le chemin parcouru jusqu'à lui. Si le désir vient à disparaître alors que nous poursuivons notre but, la joie s'évanouit instantanément. La joie diminue lorsque nous découvrons que l'objet du désir est peu satisfaisant. La motivation diminue d'autant. La joie est indissociable du désir de retrouver la satisfaction éprouvée lors de la première expérience de satisfaction dans un domaine particulier : ne se souvient-on pas toujours du premier baiser ?

LA JOIE PRÉSERVE NOS VALEURS

Le sens de la vie est fondamentalement lié aux valeurs dont chaque société est porteuse. Il convient de ne pas confondre le sens de la vie et les buts que nous poursuivons tout au long de notre existence. Les buts sont des moyens de vivre nos valeurs, de les actualiser, voire de les transcender. Les valeurs sont des références à partir desquelles l'homme se construit une éthique : la famille, la patrie, la vérité, la paix, le partage, la justice... Tout événement qui menace l'une de ces valeurs provoque en nous une émotion qui met notre organisme en mouvement pour parer à tout déséquilibre interne. C'est le principe d'homéostasie. Il s'agit d'un équilibre en perpétuel mouvement, car perpétuellement menacé à l'intérieur d'un organisme vivant. La joie éprouvée par un individu donné lui indique toujours la voie qui vient conforter ses valeurs. À l'inverse, la peur, la colère, la tristesse, le dégoût lui indiquent l'imminence d'une menace réelle ou imaginaire contre l'une de ses valeurs de référence et le risque de rompre son équilibre interne.

Être fidèle à ses valeurs, c'est s'assurer de bienfaits physiologiques, psychologiques et relationnels, ainsi que de la construction d'une personnalité authentique. Il ne faut pas craindre le conflit ou l'adversité, car ils ne sont là que pour lancer des défis à nos valeurs : sont-elles authentiques ? Nous appartiennent-elles vraiment ou bien les avons-nous acceptées sans nous poser de questions ? En quoi ces valeurs donnent-elles un sens véritable à notre existence ? La force de résistance que nous saurons opposer à tout ce qui les menace nous confirmera le bien-fondé de nos choix. La force de résistance et non la violence, qui est une compensation à notre faiblesse d'action.

Lorsque nos choix de vie sont authentiques, la joie que nous éprouvons à les défendre l'est aussi. Elle fait tomber toute agressivité et s'impose naturellement dans sa puissance tranquille et communicative.

LA JOIE PRÉSERVE NOTRE SANTÉ

L'amour et la réussite sont souvent à la source de nos plus grandes joies. La réussite à un examen augmente instantanément le taux de testostérone dans le sang. Un orgasme multiplie considérablement le taux des endorphines, la morphine endogène, neuromédiateur de bien-être !

La recette de l'amour

Pour faire une belle histoire d'amour, il faut trois types d'hormones : des phéromones, de la phényléthylamine et des endorphines. Les phéromones sont des odeurs produites par les glandes situées sous les aisselles, autour des mamelons et dans l'aine. Elles composent notre carte d'identité olfactive. Les phéromones que nous produisons attirent certaines personnes et en éloignent d'autres. La phényléthylamine est une amphétamine, produite par le cerveau, qui déclenche des sensations de joie, d'excitation et d'euphorie. Elle se trouve en faible quantité dans le chocolat, et est stimulée par l'effort physique. C'est l'hormone de la passion, du coup de foudre, de l'exaltation.

Après la phase « coup de foudre », le cerveau produit d'autres hormones, moins stressantes, les endorphines. Ce sont des sortes d'opiacés qui plongent le cerveau dans un état d'ivresse plus raisonnable ; c'est la phase de l'attachement.

Vous avez maintenant la liste des ingrédients, à vous de personnaliser le dosage, le mélange et le temps de cuisson. N'oubliez pas les « temps de pause »... N'hésitez pas à y ajouter un zeste de tendresse, un soupçon de romantisme et une bonne dose d'humour selon votre goût. Arrosez le tout d'une belle quantité de joie, flambez et, surtout, prenez bien le temps de savourer !

La joie permet une meilleure résistance au stress. Elle met en marche un cercle vertueux dans lequel s'inscrivent la réussite, la confiance, la motivation, la persévérance, le succès, l'estime de soi et… le renforcement de la joie. Ce cercle vertueux met en échec le stress provoqué par les risques encourus face à une situation nouvelle et à l'incertitude de son déroulement et de son dénouement. Le succès entraîne donc le succès. En diminuant notre dose de stress, nous libérons une quantité d'énergie que nous pouvons investir dans la réalisation de la tâche entreprise ou le maintien de notre santé.

À l'inverse, une exposition prolongée au stress mobilise l'énergie du corps pour permettre aux glandes surrénales de produire le cortisol nécessaire à la réponse au stress. Pendant ce temps, les autres fonctions du corps, comme le système immunitaire, sont en sommeil. Un organisme soumis à un stress permanent est fragilisé, et donc plus susceptible de développer une pathologie.

ENTRAÎNEMENT : LA COHÉRENCE CARDIAQUE, UNE RÉPONSE IMMÉDIATE AUX SITUATIONS STRESSANTES

- Installez-vous confortablement dans un endroit calme.
- Amenez une pensée agréable à votre esprit et laissez-la flotter pendant toute la durée de l'expérience.
- Inspirez profondément et expirez lentement, en faisant durer le plus longtemps possible votre expiration.
- Faites une pause avant de reprendre une inspiration : pendant cette pause, concentrez-vous sur les battements de votre cœur tout en observant le flottement de la pensée agréable.
- Recommencez plusieurs fois de suite.
  Vous éprouvez ainsi ce qu'on appelle la « cohérence cardiaque ». Cette technique qui installe la joie apporte une détente immédiate et des effets qui, en se prolongeant tout au long de la journée, vous permettront de mieux résister au stress.

LA JOIE PRÉSERVE NOTRE ÉQUILIBRE PSYCHOLOGIQUE

Vous est-il déjà arrivé de ressentir une certaine forme de jouissance alors même que vous viviez un événement douloureux ? Les endorphines sont libérées aussi bien lorsque nous ressentons de la joie que lorsque nous éprouvons de la tristesse. Cela peut expliquer en partie ces sensations étranges et troublantes pour l'esprit, mais il faut bien comprendre que les deux émotions que sont la joie et la tristesse se succèdent alors par intermittences dans notre corps. Elles sont en lutte. La joie seule résiste aux autres émotions : tristesse, peur, colère. Elle s'oppose de toute sa puissance tranquille au raz-de-marée de la colère, aux violences de la peur et au poids de la tristesse. Elle n'y parvient pas toujours immédiatement. La joie ne gagne pas toutes les batailles, mais elle gagne la guerre puisque, dans la plupart des cas, la vie reprend heureusement le dessus et que nous parvenons à rétablir notre équilibre interne.

Il arrive cependant que les autres émotions soient très puissantes. La force de la joie est alors insuffisante pour faire face, pour lutter. L'individu se réfugie, s'il le peut, dans la fuite, sinon il se replie sur lui-même. Le combat pour la vie se mène d'abord entre soi et soi, entre la joie initiale, constitutive de l'humain, et les autres émotions déclenchées à l'intérieur de soi par les contraintes du réel ou la perception que nous en avons. Ce combat sert l'homéostasie, c'est-à-dire l'équilibre interne de l'organisme vivant que nous sommes, équilibre toujours instable, toujours en mouvement. La joie nous entraîne loin des chemins de la dépression, de la violence et de la peur, qui rongent nos vies, nos relations, et qui usent notre système nerveux.

LA JOIE PARTICIPE À LA CONSTRUCTION DE NOTRE PERSONNALITÉ

Chaque homme doit inventer son chemin.

JEAN-PAUL SARTRE

Lorsque nous ressentons de la joie, que nous nous attardons sur cette sensation et que nous la nourrissons par notre attention, nous modifions la structure même de notre cerveau. En effet, nous stimulons alors la pousse des dendrites qui relient les neurones entre eux pour assurer la transmission de l'information. À force d'être stimulées, ces connexions sont renforcées et s'activent beaucoup plus vite. Ainsi se modifie notre personnalité au fil des expériences. Notre cerveau est un chantier permanent ; notre liberté, c'est notre choix de favoriser une structure plutôt qu'une autre. Modeler son cerveau pour lui donner une plus grande efficacité, tel est le but de toute éducation et tel devrait être le but de toute vie.

L'invention de notre personnalité se fait jour après jour à travers les menus choix du quotidien. Ce sont ces choix, infimes ou importants, qui tracent notre propre chemin de vie. À l'origine de nos choix, il y a la joie et toutes ses déclinaisons, gaieté, plaisir, contentement, allégresse… Ces nuances correspondent à de la joie initiale modifiée par la culture et les expériences de la vie. Là où nous ressentons de la joie véritable, sans que subsiste le moindre doute, c'est le juste choix. Ainsi, jour après jour, nous construisons notre histoire en même temps que notre personnalité, avec pour repères la joie à trouver, la souffrance à éviter ou à dépasser, la peur comme indicateur des chemins de dangers et la colère contre ce qui nous immobilise parfois. En construisant son chemin de vie, on se construit soi-même.

La joie est à la base de la construction de l'individu et de son accomplissement en nourrissant ses besoins. Souvenons-nous de la pyramide des besoins humains établie par Abraham Maslow : chaque humain vivant sur cette terre a les mêmes besoins fondamentaux pour vivre :

— des besoins physiologiques ;
— des besoins de sécurité ;
— des besoins de relations, d'amour ;
— des besoins d'estime de soi, de respect ;
— le besoin de se réaliser à travers des actes qui donnent à sa vie un sens qui dépasse le tombeau.

La pratique de la joie permet de combler l'ensemble de ces besoins, mais il convient de s'interroger sur le sens de nos « besoins de surface », c'est-à-dire ce que nous désirons au premier degré. Nos besoins de surface (nos désirs :

séduire un inconnu, par exemple) sont au service de besoins plus fondamentaux qu'il faudra apprendre à repérer (dans l'exemple précédent, besoin d'estime de soi ou besoin de fonder une famille), car les besoins fondamentaux, c'est le manque à combler. Prenons un autre exemple : ce que nous désirons à un moment particulier, comme consommer de la nourriture, sert-il à combler un besoin physiologique (besoin de vitamines, de sels minéraux...), un besoin d'amour (besoin de partager un bon repas avec des amis) ou encore un besoin de sécurité (besoin de calmer une angoisse) ?

Il nous appartient de nous entraîner à comprendre les raisons profondes qui motivent nos comportements à un moment donné, car les besoins inconscients à la source de nos comportements nous échappent le plus souvent. Cet entraînement est nécessaire pour apprendre à décrypter notre moi profond en faisant progressivement remonter à la conscience tout ce que nous y avons enfoui. Lorsque nous comblons consciemment un besoin fondamental, nous devenons plus solides et nous en éprouvons de la joie.

Contrairement à ce que nous croyons souvent, il ne faut pas attendre des événements heureux pour s'autoriser la joie, mais éprouver et manifester de la joie en comblant ses besoins fondamentaux pour attirer les événements heureux. En participant à la construction d'une personnalité authentique, la joie renforce l'image positive de soi. Plus souvent la joie sera à l'origine de nos comportements, plus la confiance en soi et en la vie augmentera. Le fait de parvenir à vaincre ses propres démons renforce l'estime de soi. Se met en marche une boucle de rétroaction positive qui fait qu'on remarque souvent que la chance attire la chance. Ne dit-on pas souvent que ce sont toujours les mêmes qui ont de la chance ? En effet, la confiance en soi et une bonne estime en ses propres capacités permettent de prendre des risques calculés et d'affronter les événements avec plus de sérénité, et donc plus de chance de succès. Et plus on réussit à vaincre les obstacles, plus on s'engage dans la vie, plus la vie devient intéressante…

Faire l'effort d'entretenir la joie au fond de soi, c'est renforcer l'estime que l'on se porte à soi-même, estime que l'on demande parfois aux autres de manifester à notre égard quand on est incapable de se l'accorder.

La joie construit notre personnalité à travers une réalité biologique : elle agence notre cerveau d'une manière particulière en lui apprenant à répondre judicieusement aux événements extérieurs. La répétition d'une même réponse à un même événement renforce les circuits neuronaux mis en place volontairement et nous permet ainsi de nous construire le cerveau que nous désirons.

Quelques repères simples...

Les quelques repères simples ci-après vous permettront de bien comprendre comment chacun de nous intervient concrètement dans la construction de son cerveau :

- Le neurone, cellule nerveuse de base, comporte trois parties : un corps cellulaire comprenant le noyau porteur de notre patrimoine héréditaire, un axone qui conduit l'influx nerveux et des dendrites qui reçoivent les messages en provenance d'autres neurones. Un neurone peut ainsi se trouver en contact direct avec dix mille autres neurones.
- La jonction entre un axone et les dendrites du neurone suivant est appelée « synapse ». Les neurones ne se renouvellent pas au cours de la vie, mais de nouvelles ramifications poussent sans cesse, établissant ainsi un nombre infini de connexions, par associations d'idées, permettant la mémorisation des expériences, et donc l'apprentissage. À chaque synapse, un influx électrique est transformé en message chimique à travers la sécrétion de neurotransmetteurs qui vont induire une connotation émotionnelle à l'information transmise. On a identifié aujourd'hui une centaine de neurotransmetteurs.
- La joie est associée à trois neurotransmetteurs principaux : la dopamine, associée à la tension du désir ; la noradrénaline, liée à l'excitation du plaisir ; les endorphines, liées au bien-être et à la détente. La testostérone est

associée à l'agressivité et au désir sexuel masculin et féminin, et la sérotonine régule et apaise l'humeur. Ces deux hormones participent donc parfois aussi à la joie.

- Une même hormone modifie de la même façon les circuits neuronaux, crée de nouveaux neurones et renforce les neurones existants. On s'aperçoit ainsi que nous sommes responsables de la construction et de l'évolution de notre cerveau. Même si on ne maîtrise pas tous les événements qui vont se produire au cours de notre vie, privilégier une attitude ou une émotion devant ces événements favorisera la production de telle ou telle hormone, qui construira notre cerveau de telle ou telle façon. Henri Laborit affirme qu'une même connexion aura toujours la même conséquence sur l'agencement de nos neurones. On comprend alors qu'au fil des expériences se construit une habitude comportementale par répétition, et donc une personnalité.

LA JOIE PARTICIPE À LA CONSTRUCTION D'UN MONDE MEILLEUR

La joie, comme les autres émotions, est communicative. Le partage de la joie comble notre besoin d'appartenance. L'homme ne vit pas que de pain et d'eau. Il a aussi d'autres besoins fondamentaux, dont le besoin d'appartenir à un ou à des groupes sociaux. Ainsi, il entretient des liens privilégiés avec sa famille, ses amis, ses collègues, ses copains du club de sport...

Ces cercles d'appartenance lui renvoient une certaine image de lui. Il se sent exister grâce au regard de ses pairs. Or la joie, comme les autres émotions, est communicative. En adressant aux autres l'image de sa propre joie, il reçoit en retour, à travers la joie qu'il déclenche chez l'autre, sa propre image valorisée, le reflet de son propre rayonnement. En manifestant sa joie de vivre au milieu des autres, l'homme participe à la joie universelle. Son besoin d'appartenance est ainsi nourri au quotidien. La qualité des relations que nous entretenons avec les autres est primordiale dans la construction de notre identité et dans l'entretien de notre joie de vivre. Nous pouvons affirmer avec Nicolas Go que « l'amour n'est au fond qu'un autre nom de la joie ».

Selon Patrick Viveret, la crise mondiale que nous traversons serait davantage une crise émotionnelle qu'une crise économique. Les tragédies qui secouent notre monde sont, selon ce conseiller à la Cour des comptes, dues à une triple rupture : une rupture de communication avec la nature et avec l'univers (maltraitance écologique), une rupture de communication avec autrui (conception guerrière des relations) et une rupture de communication avec soi-même (course, stress et compétition que nous nous imposons).

Notre « incapacité à accéder à la joie de vivre » nous conduit tout droit dans le mur. Tous nos politiciens s'accordent à constater les dangers qui nous menacent et proposent un rétablissement de la croissance économique comme solution au malaise dans la civilisation. Peu d'entre eux parlent d'art de vivre et encore moins de joie de vivre comme stratégies d'accès au bien-être de tous.

La peur de perdre ses acquis sociaux, la peur de voir son niveau de vie baisser sensiblement, la peur de devoir partager ses richesses ravive chez l'« homo consommus » un réflexe de renfermement sur soi. Si l'autre devient un danger pour ce qu'il possède, alors se réveille en lui son vieil instinct de capitalisation : il fait des réserves, comme en temps de guerre. La joie, au contraire, implique le partage. Toute joie demande à être partagée pour grandir. Partager tout ce qui n'est pas absolument nécessaire à notre survie peut devenir une source de joie immense. Le commerce équitable est une façon d'adopter concrètement cette ligne de conduite. D'autres chemins existent vers plus de joie. Certains donnent du temps, d'autres de l'argent, d'autres de l'intelligence ou du savoir-faire… La joie est toujours multipliée dans le partage. Même un bon spectacle devient meilleur pour peu qu'on soit nombreux dans la salle ! Je partage pleinement la vision de Patrick Viveret selon laquelle « il est possible de promouvoir une vision stratégique positive de la mondialité qui soit fondée sur une logique de coopération, de citoyenneté et d'art de vivre ». L'adoption de cette vision est le défi lancé aux générations à venir pour retrouver la joie de vivre que nous avons perdue.

LA FONCTION DU RIRE

Nous sommes ici-bas pour rire. Nous ne le pourrons plus au purgatoire ou en enfer. Et au paradis, ce ne serait pas convenable.

JULES RENARD

Il est vrai que la noble joie n'est pas toujours à l'origine du rire, et qu'il existe des rires mauvais qui s'enivrent de faire le mal et se nourrissent de la souffrance d'autrui. Cependant, nous choisissons ici de ne parler que de l'aptitude à se réjouir du bien et du beau ainsi que des surprises agréables de l'existence, ou encore de la capacité à dédramatiser les situations difficiles ou à tourner en dérision sa propre importance. Ce rire-là est bienfaiteur. Il est en harmonie avec les mouvements du monde autour de nous. Il donne du relief aux menus événements du quotidien. Il est un liant entre les êtres par la connivence qu'il installe naturellement. Il est acceptation de ce qui arrive et renoncement à l'orgueil qui nous menace toujours.

Lorsque nous rions de bon cœur, tout notre corps est impliqué. En sollicitant notre respiration, en oxygénant notre sang, le rire, comme un bon jogging, apaise les tensions de l'organisme. Notre cerveau déverse dans notre sang une quantité importante d'endorphines, cette morphine endogène qui nous plonge dans un état de bien-être et de détente immédiat.

Comme toutes les émotions, la joie est communicative. Le rire, pur produit reconnaissable de la joie, l'est aussi. Il existe aujourd'hui dans de nombreuses villes des « stages de rire ». Il s'agit d'une technique de yoga basée sur la respiration. En intervenant sur cette dernière grâce à des mouvements particuliers, on provoque un massage interne qui déclenche le rire, lequel, par un effet d'autostimulation, s'amplifie progressivement. Puisque ces stages se pratiquent en groupe et que le rire est communicatif, le résultat est garanti. On ressort de cette heure-là épuisé physiquement, comme après une course à pied, mais l'esprit léger, dopé naturellement, les neurones baignant dans les endorphines.

L'humour souligne un décalage entre une situation et ce qu'on en perçoit. Rire de soi est le meilleur antidote à la tristesse. Rire de soi permet de dédramatiser les situations les plus difficiles et les plus contraignantes. On prend du recul, comme si l'on s'observait de l'extérieur, ce qui permet de prendre conscience de l'incongruité de la situation. Le rire dissout l'angoisse provoquée par une situation dont le contrôle nous échappe. Selon Nicolas Go, « le rire nous rappelle à la joie, il est son émissaire et son porte-parole ».

Le monde est triste. Le monde est grave.
Les guerres ravagent, les séismes détruisent.
Pour faire face à ce catastrophisme ambiant,
tout le monde arbore une mine de circonstance.
Car, enfin, peut-on se réjouir de tous ces malheurs ?
Non, nous dit-on, ça ne serait pas bien.
Il faut compatir. Alors, on se plaint de tout.
Des petites choses comme des grandes.
Tout est devenu grave, triste, catastrophique,
cataclysmique, scandaleux, dangereux,
intolérable. On râle, on crie, on pleure, on se fait
peur, on dort d'une vie sans rêve. Plus rien ne vaut
la peine d'être vécu, on a perdu l'espoir,
et avec lui le sourire, l'envie et la joie de vivre.
Moi, je suis la dernière femme qui rit.
Je ne m'énerve pas. Je ne m'énerve jamais d'ailleurs.
J'arbore, partout et toujours, un sourire.
Ça n'est pas un sourire commercial, non, c'est plutôt
un sourire intérieur. Il me permet, en toutes
circonstances, de communiquer avec les autres.
Je suis gaie, heureuse, je ne m'emporte jamais.

Je réponds à l'agression par la gaieté, à la tristesse par la bonne humeur, à la morosité par le bonheur de vivre.

CLAUDIE SADKOWSKI

Le rire distribue la joie autour de soi. La vraie fonction de la joie, c'est de nourrir l'effort vers plus de vie, de constituer la substance du bonheur.

Test

Quelle place pour la joie dans votre vie ?

Répondez le plus spontanément possible aux questions des cinq niveaux du test avant de faire le décompte.

PREMIER NIVEAU : LA JOIE ET LES PLAISIRS DU CORPS

1. Aujourd'hui, avez-vous éprouvé un réel plaisir à :

a. sortir du lit .... OUI ☐ NON ☐

b. prendre votre petit déjeuner .... OUI ☐ NON ☐

c. vous habiller .... OUI ☐ NON ☐

2. Éprouvez-vous un réel plaisir lorsque vous pensez à :

a. votre prochaine sieste .... OUI ☐ NON ☐

b. vous endormir ce soir .... OUI ☐ NON ☐

c. votre prochaine marche à pied .... OUI ☐ NON ☐

3. La sexualité, pour vous, c'est :

a. d'abord l'érotisme .... OUI ☐ NON ☐

b. un mal nécessaire .... OUI ☐ NON ☐

c. sans importance .... OUI ☐ NON ☐

4. En ce qui concerne votre santé, vous vous percevez plutôt :

a. comme une personne assez fragile, menacée .... OUI ☐ NON ☐

b. comme ayant une santé à toute épreuve .... OUI ☐ NON ☐

c. comme tout le monde, des jours bien, des jours moins bien .... OUI ☐ NON ☐

DEUXIÈME NIVEAU : LA JOIE, LA SÉCURITÉ ET LA LIBERTÉ

1. Lorsque vous quittez votre domicile pour voyager, vous vous sentez plutôt :

a. inquiet .... OUI ☐ NON ☐

b. parfaitement serein .... OUI ☐ NON ☐

c. curieux de ce que vous allez découvrir .... OUI ☐ NON ☐

2. Votre travail vous rapporte :

a. un salaire de misère .... OUI ☐ NON ☐

b. des revenus suffisants .... OUI ☐ NON ☐

c. des revenus irréguliers .... OUI ☐ NON ☐

3. Votre habitation, vous en êtes

a. propriétaire .... OUI ☐ NON ☐

b. locataire .... OUI ☐ NON ☐

c. vous cherchez un logement .... OUI ☐ NON ☐

4. Votre foyer, c'est plutôt :

a. un cocon protecteur .... OUI ☐ NON ☐

b. une source de tracas ou un fardeau .... OUI ☐ NON ☐

c. un repaire .... OUI ☐ NON ☐

TROISIÈME NIVEAU : LA JOIE ET L'AMOUR

1. Vous faites partie :

a. d'un club ou d'une association et vous participez souvent à ses activités .... OUI ☐ NON ☐

b. de rien du tout, vous aimez trop votre indépendance .... OUI ☐ NON ☐

c. de trop de clubs ou d'associations, vous ne savez pas dire non .... OUI ☐ NON ☐

2. Vous avez :

a. beaucoup d'amis qui se manifestent souvent .... OUI ☐ NON ☐

b. peu d'amis, mais des amis sûrs .... OUI ☐ NON ☐

c. pas d'amis, vous avez du mal à accorder votre confiance .... OUI ☐ NON ☐

3. Votre famille, c'est plutôt :

a. « perdu de vue » .... OUI ☐ NON ☐

b. « tous ensemble, tous ensemble ! » .... OUI ☐ NON ☐

c. de temps en temps, mais chacun sa vie on sait qu'on peut compter les uns sur les autres à tout moment .... OUI ☐ NON ☐

4. Côté cœur :

a. c'est le grand vide .... OUI ☐ NON ☐

b. c'est la prudence .... OUI ☐ NON ☐

c. ça roule ! .... OUI ☐ NON ☐

QUATRIÈME NIVEAU : LA JOIE ET L'ESTIME DE SOI

1. Votre aspect physique, vous en êtes plutôt :

a. insatisfait .... OUI ☐ NON ☐

b. à peu près satisfait .... OUI ☐ NON ☐

c. tout à fait satisfait .... OUI ☐ NON ☐

2. Votre travail :

a. vous aimez en parler .... OUI ☐ NON ☐

b. vous évitez d'y penser en dehors des heures de travail .... OUI ☐ NON ☐

c. Si vous pouviez en changer, vous n'hésiteriez pas .. OUI ☐ NON ☐

3. Les loisirs :

a. sont très importants pour vous .... OUI ☐ NON ☐

b. vous n'avez pas de temps à consacrer à des loisirs .... OUI ☐ NON ☐

c. vous y consacrez un peu de temps, mais seulement pendant les vacances .... OUI ☐ NON ☐

4. Vous pensez que vous êtes une personne :

a. intéressante, originale .... OUI ☐ NON ☐

b. comme tout le monde, ni plus ni moins .... OUI ☐ NON ☐

c. moins bien que les autres .... OUI ☐ NON ☐

CINQUIÈME NIVEAU : LA JOIE ET LE SENS DE LA VIE

1. Vous vivez pour :

a. on se le demande parfois .... OUI ☐ NON ☐

b. préparer une vie future .... OUI ☐ NON ☐

c. participer à la construction du monde
à votre manière .... OUI ☐ NON ☐

d. parce qu'il faut bien vivre et faire
ce qu'on a à faire .... OUI ☐ NON ☐

2. Vos rêves d'enfant, vous les avez :

a. oubliés, ce n'étaient que des rêves d'enfant .... OUI ☐ NON ☐

b. réalisés en partie .... OUI ☐ NON ☐

c. pas encore réalisés, mais cela viendra .... OUI ☐ NON ☐

d. vous ne vous souvenez pas de vos rêves .... OUI ☐ NON ☐

3. L'avenir de la planète, ça vous inspire plutôt :

a. les jeunes feront comme nous, ils s'adapteront .... OUI ☐ NON ☐

b. c'est la catastrophe annoncée,
mais on n'y peut rien à notre niveau .... OUI ☐ NON ☐

c. « nous n'héritons pas la terre de nos ancêtres,
nous l'empruntons à nos enfants » .... OUI ☐ NON ☐

d. vous faites ce que vous pouvez
pour limiter les dégâts .... OUI ☐ NON ☐

4. Vous vous investissez concrètement dans :

a. une œuvre humanitaire .... OUI ☐ NON ☐

b. une création artistique .... OUI ☐ NON ☐

c. votre travail, que vous aimez beaucoup .... OUI ☐ NON ☐

d. rien du tout, vous êtes comme un papillon
qui butine par-ci par-là, vous cherchez
dans quoi vous pourriez vous investir .... OUI ☐ NON ☐

Résultats du premier niveau du test

Question 1 :
Comptez 1 point pour chaque oui.

Question 2 :
Comptez 1 point pour chaque oui.

Question 3 :
Comptez 1 point si vous avez répondu oui à la proposition a.

Question 4 :
Comptez 1 point si vous avez répondu oui à la proposition b.
Comptez 1 point si vous avez répondu oui à la proposition c.

SOUS-TOTAL :............ POINTS

6 points ou plus : bravo ! La satisfaction de vos besoins physiologiques est pour vous une vraie source de joie. Vous êtes un épicurien et vous savez goûter les joies simples de la vie. Votre compagnie est un vrai plaisir, et vous savez répandre de la joie autour de vous. Comptabilisez les points des résultats des autres niveaux du test pour vérifier si vos sources de joie ne se limitent pas à la simple jouissance des plaisirs des sens. D'autres joies sont possibles.

De 3 à 5 points : vous savez apprécier un bon repas ou le plaisir de vous glisser dans les draps pour une bonne nuit de sommeil, mais vous avez encore une marge de progression intéressante pour apprendre à goûter pleinement la joie que vos cinq sens peuvent vous apporter. À vous de faire preuve d'imagination !

Moins de 3 points : il est urgent de vous réconcilier avec votre corps afin de respecter ses besoins. La joie au quotidien ne peut se vivre en dehors du corps. Nous ne sommes pas de purs esprits, et notre corps, lui aussi, réclame sa part de bien-être.

Résultats du deuxième niveau du test

Question 1 :
Comptez 1 point si vous avez répondu oui à la proposition a.
Comptez 1 point si vous avez répondu oui à la proposition b.

Question 2 :
Comptez 1 point si vous avez répondu oui à la proposition b.

Question 3 :
Comptez 1 point si vous avez répondu oui à la proposition a.

Question 4 :
Comptez 1 point si vous avez répondu oui à la proposition a.
Comptez 1 point si vous avez répondu oui à la proposition c.

SOUS-TOTAL :.............. POINTS

4 points ou plus : bravo ! Vous savez combler vos besoins de sécurité. Ce sentiment vous apporte une grande liberté, qui devient pour vous une vraie source de joie. Vous avez apprivoisé la plupart de vos peurs et, si vous vous trouvez en danger, vous savez réagir. Vous possédez les bases nécessaires à l'édification de la joie en vous. Vous aimez la liberté qui vous pousse à l'aventure. Continuez à tester vos réponses pour découvrir d'autres sources de joie possibles.

2 ou 3 points : vous êtes une personne prudente. Vous avez absolument besoin de sécurité pour vous détendre. C'est seulement à ce prix que vous pouvez savourer la joie de vivre. Veillez à consolider tout ce qui vous apporte la tranquillité d'esprit nécessaire à la survenue de la joie.

Moins de 2 points : la peur n'est utile que lorsqu'elle nous prévient d'un danger réel. Est-ce le cas de toutes les peurs que vous éprouvez ? Combien d'entre elles se révèlent injustifiées ? Combien d'entre elles vous ont empêché de tenter de nouvelles expériences, de vous dépasser, de rencontrer d'autres personnes, de faire le choix d'autres joies possibles ? Votre sécurité intérieure dépend aussi du regard que vous posez sur le monde qui vous entoure. Si vous parvenez à vous représenter le monde de façon moins menaçante, votre sentiment de sécurité s'en trouvera accru et vous deviendrez disponible pour de nouvelles aventures et de nouvelles joies.

Résultats du troisième niveau du test

Question 1 :
Comptez 1 point si vous avez répondu oui à la proposition a.

Question 2 :
Comptez 1 point si vous avez répondu oui à la proposition a.
Comptez 1 point si vous avez répondu oui à la proposition b.

Question 3 :
Comptez 1 point si vous avez répondu oui à la proposition b.
Comptez 1 point si vous avez répondu oui à la proposition d.

Question 4 :
Comptez 1 point si vous avez répondu oui à la proposition c.

SOUS-TOTAL :................. POINTS

5 points ou plus : vous êtes parfaitement intégré aux milieux dans lesquels vous évoluez. Les autres vous apprécient et recherchent votre compagnie. Vous aimez les gens, et cela vous fait rayonner. Vous êtes quelqu'un sur qui l'on peut compter. Vous vous sentez faire partie de la communauté humaine, et cette idée vous rend heureux. Vous avez tout compris : aller vers les autres, c'est le plus sûr chemin vers la joie.

De 2 à 4 points : vous aimez les autres mais vous êtes parfois déçu. L'amour, l'affection et l'amitié peuvent vous apporter aussi bien de grandes satisfactions que des déceptions. Vous ne trouvez pas toujours chez les autres ce que vous attendez, mais vous ne perdez pas espoir, et vous avez raison. Sachez que nous attirons d'abord les gens qui nous ressemblent. Posez-vous les bonnes questions : en quoi ce qui vous déplaît ou vous déçoit chez l'autre fait-il écho à quelque chose de vulnérable en vous ? Que pourriez-vous faire pour remplacer cette vulnérabilité par de la confiance ?

Moins de 2 points : le monde est, pour vous, le lieu de tous les dangers ! Attention à vos représentations. Ce n'est pas parce que quelques humains vous ont déçu que les autres sont prêts à vous faire souffrir. Le monde est un miroir, et c'est nous que nous observons à travers les individus qui le composent. Apprendre à voir ce qui est beau et bon chez l'autre, c'est donner à l'autre l'occasion de nous aimer. Et l'amour appelle l'amour. Et sans amour, pas de joie possible...

Résultats du quatrième niveau du test

Question 1 :
Comptez 1 point si vous avez répondu oui à la proposition b.
Comptez 1 point si vous avez répondu oui à la proposition c.

Question 2 :
Comptez 1 point si vous avez répondu oui à la proposition a.

Question 3 :
Comptez 1 point si vous avez répondu oui à la proposition a.

Question 4 :
Comptez 1 point si vous avez répondu oui à la proposition a.

SOUS-TOTAL :................. POINTS

4 points ou plus : vous avez une bonne estime de vous et cela vous permet d'affronter les épreuves de la vie avec confiance. Vous êtes d'un naturel optimiste et vous savez résoudre les difficultés de la vie quotidienne avec facilité. Votre joie de vivre est contagieuse, les gens viennent volontiers vers vous. Ne changez rien.

2 ou 3 points : vous avez une estime de vous fluctuante, qui dépend des jours et des domaines dans lesquels vous portez un jugement sur vous. Vous aimeriez être parfait, mais la condition d'émergence de la joie n'a pas besoin de cette perfection. Elle se satisfait tout à fait de vos imperfections, pour peu que vous jetiez sur vous un regard plus indulgent.

Moins de 2 points : il est temps de vous regarder avec plus d'amour. Pour ressentir de l'estime envers vous-même, vous allez devoir oublier tout ce que vous avez entendu de négatif sur vous pendant votre enfance et au-delà. Cela ne sera pas facile, car vous avez très probablement entériné ces jugements sur vous et vous y croyez sincèrement. Demandez à des personnes étrangères ce qu'elles pensent de vous et peut-être serez-vous étonné. Cessez d'attendre des autres l'amour que vous ne savez pas vous accorder vous-même. La joie ne pourra prendre place dans votre vie que si vous posez sur vous un regard bienveillant.

Résultats du cinquième niveau du test

Question 1:
Comptez 1 point si vous avez répondu oui à la proposition b.
Comptez 1 point si vous avez répondu oui à la proposition c.

Question 2:
Comptez 1 point si vous avez répondu oui à la proposition b.
Comptez 1 point si vous avez répondu oui à la proposition c.

Question 3:
Comptez 1 point si vous avez répondu oui à la proposition c.
Comptez 1 point si vous avez répondu oui à la proposition d.

Question 4:
Comptez 1 point si vous avez répondu oui à la proposition a.
Comptez 1 point si vous avez répondu oui à la proposition b.
Comptez 1 point si vous avez répondu oui à la proposition c.

SOUS-TOTAL :.................. POINTS

6 points ou plus : vous avez conscience du sens que vous voulez donner à votre vie et vous êtes authentique dans vos choix. Vous vous trouvez des raisons de vivre qui correspondent à ce que vous êtes profondément. Il vous est certainement plus facile qu'à une autre personne de profiter au quotidien de la joie de vivre. Votre joie, vous avez envie de la partager avec le plus grand nombre et vous mettez tout en œuvre pour cela.

De 3 à 5 points : votre vie a du sens et vous êtes en train de le réaliser. S'il vous arrive encore d'en douter, vous avez conscience du fait que vous avez un rôle à jouer au sein de l'humanité. Vous travaillez à vous accomplir dans la joie. Continuez ainsi.

Moins de 3 points : vous n'avez pas encore tout à fait repéré votre cap. Votre voyage vers une plus grande joie ou vers plus de joies débute aujourd'hui par cette prise de conscience. Se donner des objectifs qui nous dépassent, c'est s'assurer de moments de joie intenses, car le chemin vers quelque chose qui nous grandit est toujours porteur de joie. Le tour du monde commence par un premier petit pas, peut-être aujourd'hui même ?

Faites maintenant le total des cinq sous-totaux :

sous-total premier niveau
(domaine physiologique, plaisir des sens) : .... POINTS

sous-total deuxième niveau
(domaine de la sécurité et de la liberté) : .... POINTS

sous-total troisième niveau
(domaine de l'amour et de l'appartenance) : .... POINTS

sous-total quatrième niveau
(domaine de l'estime de soi) : .... POINTS

sous-total cinquième niveau
(domaine de la réalisation personnelle,
du sens de la vie) : .... POINTS

Total général : points/35

Vous pouvez ainsi mesurer concrètement la place de la joie dans votre vie. Qu'en pensez-vous ? Avez-vous envie de faire un peu plus de place à la joie dans votre existence ? Dans quel domaine plus précisément ? Quel premier petit pas pouvez-vous entreprendre dès cet instant vers plus de joie ? Voici quelques pistes...

Quelques pistes…

AUGMENTER LA PLACE DE LA JOIE DANS NOTRE VIE

Prenez le temps de réfléchir à ce qui pourrait correspondre le plus à vos désirs profonds. Choisissez, parmi les propositions suivantes, celles que vous vous sentez capable d'adopter dès aujourd'hui. Souvenez-vous de la philosophie kaizen japonaise : un premier petit pas peut changer le monde. Il s'agit en effet pour vous d'adopter un premier petit comportement qui va enclencher un processus de changement vers plus de joie.

Premier niveau : les plaisirs des sens au service de la joie

À partir d'aujourd'hui, vous pouvez décider d'adopter l'un des comportements suivants…

- Offrez-vous un réveille-matin qui, au lieu de sonner, allume progressivement la lumière dans votre chambre. La douce lumière qui filtrera à travers vos paupières ressemblera à la lumière du jour qui se lève. Se faire réveiller par la violence d'une sonnerie est une première agression qui n'incite pas à l'humeur joyeuse.

- Sortez du lit lentement, après vous être étiré de tout votre long comme le font les chats. Si vous pensez ne pas en avoir le temps, vous pouvez vous réveiller cinq minutes plus tôt. Cinq minutes d'étirements et de bâillements bruyants et langoureux valent mieux que cinq minutes de sommeil anxieux !
- Une fois par semaine au moins, prenez un bain chaud parfumé de l'une des fragrances que vous aimez. N'oubliez pas de diffuser une douce musique et de tamiser les lumières. En sortant du bain, prenez le temps de masser votre corps avec des huiles, de vous masser les pieds et les mollets avec une crème. Chantez pour accompagner la musique (vous aurez pris le soin de décrocher le téléphone et d'éteindre votre portable…).
- Préparez-vous un plateau petit déjeuner complet très varié, un peu comme à l'hôtel. Des fruits, du pain grillé, une boisson non gazeuse, une boisson chaude, un yaourt, des fruits secs… sans oublier une fleur dans un soliflore.
- Si vous le pouvez, marchez pieds nus dans votre maison le plus souvent possible. Ce contact entre le sol et la plante des pieds est relaxant et il stabilise l'humeur. Bien souvent, nos pieds souffrent lorsqu'ils restent enfermés toute la journée dans des chaussures ; libérons nos pieds !

- Le soir, remplacez les aliments trop riches ou trop chargés en sucres par des produits frais que vous aimez, et évitez de dîner moins de deux heures avant de vous coucher. Vous ferez de plus beaux rêves, vous ne ronflerez pas et vous ne vous réveillerez pas avec la bouche pâteuse.
- Marchez vingt minutes par jour, sans but précis, juste pour le plaisir de sentir votre corps.

JE VOUS INVITE À LIRE…

10 minutes pour soi, de Françoise Réveillet (Marabout).
Éloge de la marche, de David Le Breton (Métaillé).
Mon corps, cette première merveille du monde, d'André Giordan (Lattès).

Deuxième niveau : la sécurité et la liberté au service de la joie

À partir d'aujourd'hui, vous pouvez décider d'adopter l'un des comportements suivants…

- Mettez à jour vos papiers en retard, ou tout au moins une première partie ! Savourez la satisfaction que vous éprouvez ensuite.
- Remettez à flot, si possible, votre compte en banque. Sinon, établissez un échéancier dans ce sens et respectez-le scrupuleusement. Nos négligences et nos dépenses

impulsives nous occasionnent bien souvent plus de tracas que de plaisir ; elles nous font entrer dans la spirale des crédits et des inquiétudes qui les accompagnent. Promettons-nous de ne plus nous laisser piéger par des offres alléchantes que nous aurons du mal à rembourser. Le savetier dort mieux que le financier, non pas parce qu'il est moins riche, mais parce qu'il est moins inquiet !

- Si le logement que vous occupez ne vous convient pas, établissez un plan prévisionnel pour en changer. Même si la conjoncture actuelle rend difficiles les projets immobiliers, le simple fait de construire un projet daté, même à long terme, nous sort de l'angoisse de l'enfermement dans lequel nous nous trouvons souvent faute d'objectif.
- Dans le même ordre d'idées, si le travail que vous faites ne vous permet pas de vivre décemment, essayez d'envisager une façon d'améliorer votre situation. Il existe pour cela des conseillers dans tous les services sociaux et toutes les ANPE. Comme pour le logement, même si la conjoncture ne se prête pas aux changements d'emploi, elle ne vous impose pas non plus de supporter toute votre vie durant un emploi sous-payé et de vous faire exploiter. Un salaire décent qui assure une certaine sécurité permet d'affronter la vie de façon plus sereine.
- Décidez de vous atteler une fois pour toutes à tous les petits travaux d'entretien de votre maison que vous remettez toujours au lendemain : nettoyage du garage, changement des prises, nettoyage des rideaux, rangement des

placards, réparation du petit électroménager… Ces menus travaux mettent de l'ordre dans l'esprit autant que dans la maison, et font place nette pour accueillir la joie.

- Autorisez-vous à faire une chose dont vous rêvez depuis longtemps et que vous n'avez jamais osé faire : s'initier au vol à voile, faire un voyage seul, apprendre une langue étrangère, se mettre au théâtre ou à la guitare… La liberté que vous allez vous donner malgré le risque de rencontrer la désapprobation des autres vous comblera de joie.

JE VOUS INVITE À LIRE…

Fuir sa sécurité, de Richard Bach (Un Monde Différent).
Jonathan le Goéland, de Richard Bach.
Un petit pas peut changer votre vie, de Robert Maurer (Anne Carrière).

Troisième niveau : l'amour et la joie

À partir d'aujourd'hui, vous pouvez décider d'adopter l'un des comportements suivants…

- Au moins une fois par jour, dites « Je t'aime » à une personne que vous aimez.
- Inscrivez-vous comme membre participant à une association de votre quartier qui défend une cause à laquelle vous adhérez et demandez ce que vous pouvez faire pour les aider concrètement.

- Inscrivez-vous à un club de sport ou de loisirs qui vous attire particulièrement.
- Téléphonez à un ami perdu de vue depuis trop longtemps sous un prétexte quelconque.
- Appelez vos parents ou des proches, simplement pour prendre de leurs nouvelles.
- Organisez une réunion de ceux qui vous sont chers sous un prétexte quelconque (jour de l'an, anniversaire, crémaillère, Fête de la musique...).
- Souriez pendant toute une journée au lieu de prendre l'air renfrogné, et observez le comportement des autres à votre égard.

JE VOUS INVITE À LIRE...

Les mots sont des fenêtres, de MARSHALL ROSENBERG (La Découverte).
L'Art d'aimer, d'ERICH FROMM (Desclée de Brouwer).

Quatrième niveau : la joie et l'estime de soi

À partir d'aujourd'hui, vous pouvez décider d'adopter l'un des comportements suivants...

- Accrochez un peu partout dans votre maison des petits mots d'amour qui vous seront destinés (sur le miroir de la salle de bains, au-dessus de votre lit, dans le réfrigérateur...) ; si cela fait rire des personnes de votre entourage, riez de bon cœur avec elles et rétorquez qu'on est jamais mieux servi que par soi-même ! Cela leur donnera peut-être des idées !

- Nettoyez à fond votre garde-robe et ne conservez que ce qui vous met en valeur. Jetez tout le reste.
- Souvenez-vous de vos rêves d'enfant : que désiriez-vous faire lorsque vous étiez petit ? Comment pouvez-vous ranimer ce projet pour l'inscrire maintenant dans votre vie d'adulte ? Il n'est jamais trop tard pour faire en amateur ce qu'on rêvait de faire en professionnel et pour se mesurer à ses rêves. Vous rêviez de devenir Spiderman ? Inscrivez-vous à un club d'escalade. Vous rêviez d'être Sissi impératrice ? Inscrivez-vous à un club de théâtre amateur. Vous rêviez de faire le tour du monde ? Faites un premier voyage lointain pendant vos prochaines vacances. « Une vie réussie, c'est un rêve d'enfant réalisé à l'âge adulte. »
- Établissez par écrit la liste des qualités que les autres vous reconnaissent. En face de chaque qualité, notez un comportement qui pourrait, selon vous, justifier leur jugement à votre égard. N'hésitez pas à interroger les personnes de votre entourage.
- Établissez la liste d'actes manuels que vous réussissez particulièrement bien : couture, cuisine, maçonnerie, jardinage, photo, peinture, sculpture, soins esthétiques, coiffure, musique… En face de chaque affirmation, précisez ce qui vous permet d'affirmer cela.

- Établissez la même liste en ce qui concerne vos capacités intellectuelles : lecture, écriture, poésie, conversation, écoute, philosophie, sagesse, réflexion, autoanalyse, diplomatie… Illustrez à chaque fois ce qui vous permet d'affirmer cela par un exemple précis.

JE VOUS INVITE À LIRE…

L'Estime de soi, de Christophe André et François Lelord (Odile Jacob).
La Confiance en soi, de Lionel Bellenger (ESF).

Cinquième niveau : la joie et la réalisation de soi

À partir d'aujourd'hui, vous pouvez décider d'adopter l'un des comportements suivants…

- Donnez régulièrement un peu de votre temps aux Restos du cœur ou à une autre association caritative.
- Parrainez un enfant du bout du monde pour lui permettre d'aller à l'école.
- Achetez les produits du commerce équitable.
- Faites chaque jour un petit geste pour la planète.
- Relisez les grands philosophes étudiés au lycée avec vos yeux d'adulte.
- Adhérez à une association d'accompagnement de personnes en fin de vie.

- Investissez-vous dans une démarche politique responsable au niveau de votre commune de manière à faire bouger les choses.
- Militez pour une écologie mondiale à travers l'une des nombreuses associations qui travaillent sur la question.

JE VOUS INVITE À LIRE…

Pourquoi ça ne va pas plus mal ? de PATRICK VIVERET (Fayard).
Le Bonheur paradoxal, de GILLES LIPOVETSKY (Gallimard).
Construisez votre avenir, d'ALAIN DELOURME (Le Seuil).

Cultiver la joie, récolter ses fruits

Préparer le terrain

Comme le feu dans la cheminée, la joie s'entretient à longueur de jour. Nous sommes responsables de cela. Bien sûr, les souffrances et les peurs la menacent constamment, aussi nous devons lui accorder toute notre attention. Nous devons savoir que nous en sommes capables et quitter la posture de victime.

SORTIR DE LA VICTIMISATION

Devant tout ce qui t'arrive, pense à rentrer en toi-même
et cherche quelle faculté tu possèdes pour y faire face.
Tu aperçois un beau garçon, une belle fille ?
Trouve en toi la tempérance.
Tu souffres ? Trouve l'endurance.
On t'insulte ? Trouve la patience. En t'exerçant ainsi, tu ne
seras plus le jouet de tes représentations.

ÉPICTÈTE

« La vie est un combat, une lutte, c'est chacun pour soi », « Méfiez-vous des autres, ne faites confiance à personne », « La vie est dure », « L'homme est un loup pour l'homme »... Si vous avez intégré ces injonctions, vous êtes devenu une victime de la vie, du destin, des autres. Chaque jour, vous trouverez mille occasions de les voir se confirmer et de vous plaindre. Et si les autres, autour de vous, ont eux aussi cette vision du monde, ils pensent, comme vous, que leur bonheur ne peut se construire qu'au détriment du vôtre.

On trouve toujours un sujet de plainte : le temps qu'il fait, une douleur qui se réveille, un ami qui fait silence, un travail qui fatigue, un projet qui s'éloigne, un voisin grincheux... Il est plus facile de trouver des raisons de se plaindre de la vie que des raisons de la louer. Question d'habitude. À vous d'inverser le système. Et si, aujourd'hui, pendant cinq minutes précises – les cinq minutes qui vont suivre la lecture de ce paragraphe, par exemple –, vous tentiez de ne vous attacher qu'aux points positifs de votre existence ? C'est le premier pas vers la fin de la victimisation. Le détachement nécessaire pour aller vers la joie, c'est d'abord l'abandon de la plainte.

L'erreur commune est de croire que la joie ne peut venir qu'après la disparition de la souffrance, or c'est la joie et la joie seule qui libère de la souffrance. Opposer la joie à la plainte, imposer la joie à la souffrance, c'est se libérer de ses chaînes.

ENTRAÎNEMENT : MILLE RAISONS DE VIVRE

- Cherchez pendant trois minutes, montre en main, un maximum de bonnes raisons de vivre cette journée qui s'annonce. Ne vous attardez pas sur les points négatifs, cherchez vraiment ce qui peut justifier que vous ayez envie de vous lever ce matin. Notez ces raisons, numérotez-les.
- Au bout des trois minutes, relisez-vous. Combien de raisons avez-vous trouvées ? Même si vous n'en avez qu'une, vivez-la à fond. Demain, peut-être en trouverez-vous deux. La joie appelle la joie.

Être capable d'éprouver chaque jour de la joie est un art de vivre qui nécessite un entraînement intensif et régulier. La joie se mérite. Spinoza affirmait que la joie est une vertu. Il m'est arrivé de rencontrer des personnes atteintes d'une maladie grave et d'être bouleversée par leur joie de vivre communicative. Si nous ne sommes pas responsables de tous les malheurs du monde, nous sommes responsables de notre manière de les percevoir. Cherchons, en tout événement, l'occasion de grandir, de s'investir, de changer. C'est ainsi que nous rencontrerons la joie. Les événements, en s'inscrivant dans un contexte qui les dépasse, prendront un sens nouveau. En nous habituant à cultiver cette joie intérieure comme on entretient son jardin, nous préparons le terrain de nos lendemains. C'est peut-être cela le jardin d'Éden, ce terrain intérieur si bien entretenu que les plus belles fleurs peuvent y éclore ? En nous appliquant à cet exercice quotidien, les « petits plaisirs minuscules » y sèmeront les graines d'une joie immense. Ce n'est pas le monde qui est la cause de nos souffrances, mais la perception que nous en avons.

Dans son film *La vie est belle*, Roberto Benigni nous offre une grande leçon de vie. Au milieu des camps de concentration, le héros du film suggère que ce n'est pas la réalité et qu'il s'agit d'un jeu. Il offre à son fils une autre perception du réel pour lui épargner la cruauté de la tragédie.

REPÉRER CE QUI DÉPEND DE NOUS

N'attends pas que les événements arrivent comme tu le souhaites, décide de vouloir ce qui arrive et tu seras heureux.

ÉPICTÈTE

Ce qui dépend de nous, ce n'est pas l'événement qui se produit, mais la réponse que nous lui fournissons. Avant de devenir une habitude, tout mode de fonctionnement dépend d'abord de notre volonté. Nous avons choisi de répondre par un comportement particulier à un stimulus particulier. Faisant cela, nous avons activé certaines zones de notre cerveau. Notre mémoire a enregistré l'association et l'enchaînement des événements externes et internes dans l'ordre où ils se sont produits. Nous avons potentialisé certaines connexions entre nos neurones et, la prochaine fois que le même stimulus se produira, nous activerons spontanément ces neurones potentialisés.

Plus nous reproduisons un comportement, plus il devient naturel et spontané, jusqu'à être une seconde nature et se produire en dehors de toute volonté consciente de notre part. Ce qui dépend de nous, c'est d'être attentif à l'édification de cette structure, soit dès les premières réactions si c'est possible, soit, si l'habitude est déjà bien ancrée, à son mode de fonctionnement, à l'enchaînement des causes et des effets, de manière à pouvoir intervenir consciemment dans le déroulement des séquences.

Le développement de chacun d'entre nous devrait être conduit par le seul souci de permettre la réalisation de notre potentiel individuel en nous apprenant à accepter les lois qui gouvernent notre développement optimal. Pour cela, nous devons nous interroger régulièrement sur le respect de nos valeurs à travers nos actes les plus insignifiants. La construction de notre personnalité, et donc de notre vie, dépend aussi de nous, de nos actions, de nos réactions et de nos choix.

Afin de mieux appréhender notre part de liberté dans le choix de nos comportements, nous pouvons nous référer à la théorie du comportement planifié d'Ajzen, selon laquelle tout comportement est influencé par :

— les conséquences perçues (avantages, inconvénients) ;
— la dimension affective de l'attitude à adopter (j'aime, je n'aime pas) ;
— les normes sociales (que vont dire les autres ?) ;
— les normes personnelles (est-ce mon rôle ? suis-je obligé ?) ;
— le sentiment d'identité personnelle (est-ce que cela me ressemble ? est-ce que cela correspond à mes valeurs ?)

Il sera intéressant de se poser honnêtement la question de ce qui dépend uniquement de nous dans chacun de ces domaines afin de mesurer notre marge de manœuvre. Les habitudes influencent aussi nos comportements dans le sens de la résistance au changement. Sachant cela, il est important d'acquérir une bonne confiance en soi pour faire face aux conséquences d'une évolution de sa vie, car tout changement provoque du stress, même si cette évolution se fait dans le sens de plus de joie.

RETROUVER L'ENTHOUSIASME DE L'ENFANCE

L'optimisme prend racine dans la confiance en soi et en l'avenir. Il dépend du sentiment d'avoir les moyens de faire face aux situations, de la confiance en sa capacité à résoudre les problèmes, à surmonter l'adversité, à se réparer après un deuil, à guérir d'une souffrance. L'estime de soi sert la confiance en soi, elle arme la confiance pour engager l'individu dans une voie nouvelle qu'il ose tenter.

J'ai eu l'occasion de rencontrer une maman dont la petite fille de trois ans avait été victime d'un accident. Malgré la souffrance, malgré la culpabilité, malgré les jugements auxquels elle avait été confrontée, elle m'a parlé de sa rage de vivre. Le destin des hommes est toujours tragique, mais nous sommes portés au-delà de cette tragédie par une force qui nous dépasse et nous transcende. La rage de vivre : cette expression désigne la force intérieure qui maintient l'être en vie malgré tout, l'amour inconditionnel de la vie, l'intuition que la vie a un sens pour elle-même. La puissance de la joie permet de dépasser la souffrance pour que la paix revienne.

Être optimiste consiste en une disposition de l'esprit à envisager l'avenir de façon positive. Quelles que soient les vicissitudes du présent, croire que l'avenir apportera son lot de consolation. Croire en sa capacité à rebondir. C'est une manière de ramener toujours sa conscience vers cette zone en soi qui fonde la joie de vivre et la confiance, facteurs d'enthousiasme.

Nous nous efforçons d'atteindre à une euphorie proche de l'humeur joyeuse de notre enfance, période où nous savions goûter à la joie de vivre sans condition.

NICOLAS GO

L'enthousiasme, c'est la capacité à se précipiter sans méfiance vers l'objet du désir. Observons la spontanéité naturelle d'un enfant. La spontanéité joyeuse de l'enfant fait résonner la joie qui sommeille en nous. Dans l'élan qui le porte vers la vie, nous reconnaissons l'enfant que nous avons été, l'être empli seulement du désir de vivre, de saisir la vie à bras-le-corps, celui d'avant les peurs et les colères, d'avant les frustrations, celui de la joie intacte, l'enfant tout à sa joie du simple et puissant bonheur d'être présent au monde et de participer au miracle de la vie.

Nous reconnaissons en lui quelque chose que nous avons été et qui a été empêché. Souvent nous en gardons une secrète amertume que nous tâchons de dissoudre sur le divan d'un psy, dans de tristes règlements de comptes avec ceux qui nous ont appris la frustration, ou dans la consommation d'anxiolytiques. Pourtant, ces empêchements sont nécessaires puisqu'ils nous apprennent à survivre dans un monde qui menace en permanence notre intégrité. Lorsque nous prenons conscience de ce nécessaire apprentissage à l'adaptation au monde, nous sommes moins sévères avec nos parents et nos maîtres, et nous pouvons laisser la joie s'épanouir en nous au lieu de nous laisser envahir par le ressentiment et les regrets. C'est ainsi que nous pouvons retrouver l'enthousiasme de l'enfance.

REPRENDRE CONFIANCE EN SOI

La confiance en soi dépend du regard que chacun pose sur lui-même, quelles que soient ses qualités réelles et ses compétences. La confiance en soi est donc entièrement dépendante de notre propre regard. Les personnes souffrant d'une faible estime d'elles-mêmes recherchent dans le regard des autres des marques d'approbation constantes. Leurs joies sont en permanence menacées par un regard désapprobateur ou une réflexion désobligeante. Elles supportent mal la critique, qu'elles interprètent comme un rejet de ce qu'elles sont. Elles se donnent de nombreuses occasions de souffrir car elles sont, comme nous tous, sans cesse soumises au regard des autres, notamment dans le travail. Apprendre à mettre de la distance entre notre personne et nos actes permet de ne pas se sentir menacé par le regard de l'autre. Accepter l'idée de l'imperfection, c'est sortir de l'exigence que nos parents et nos maîtres ont peut-être manifestée à notre égard pendant l'enfance.

Ne pas demander aux autres la perfection, ne pas se la demander à soi-même, c'est un premier pas vers l'amour de soi et une meilleure estime de ses capacités. Être capable d'apprécier la valeur de son propre travail et de tenir compte de ses propres erreurs sans s'auto-flageller est une manière tout à fait efficace d'aller vers une plus juste estime de sa propre valeur.

La joie est un bon indicateur de l'estime que nous nous portons. Nous pouvons nous entraîner à évaluer chaque matin notre niveau de joie. Un outil simple, imaginé par Daniel Favre, peut nous aider à y parvenir.

L'INDICATEUR ÉMOTIONNEL DE FAVRE

Curseur

◄──────────────────►

Je me sens mal à 100 %	– 0 +	Je me sens bien à 100 %
État émotionnel extrême		État émotionnel extrême
Désespoir profond		Euphorie

Daniel Favre a imaginé cet outil de mesure capable d'évaluer notre ressenti. Entre « Je me sens bien à 100 % » et

« Je me sens mal à 100 % », il suffit de déplacer le curseur sur la réglette pour situer son émotion à un instant *t*. Sachant que l'émotion perturbe le jugement, nos capacités cognitives se trouvent influencées, dans un sens ou l'autre, lorsque le curseur quitte le centre de la réglette.

Nous recherchons naturellement les situations qui nous permettent de déplacer le curseur vers « Je me sens bien à 100 % » afin d'éprouver le bien-être maximal le plus souvent possible. Il est cependant des situations où trop de joie peut altérer le jugement et les comportements induits par ce jugement. Nous tentons alors de nous calmer afin d'avoir l'attitude juste : au volant de notre voiture, par exemple, nous ne pouvons pas nous permettre de nous laisser envahir par trop de joie sans prendre le risque d'un accident. Ramener le curseur au centre de la réglette devient alors un geste vital.

SELON LIONEL BELLENGER, LA CONFIANCE EN SOI, C'EST :

- respecter ce qu'on éprouve ;
- prédire ses comportements ;
- savoir se positionner ;
- connaître ses limites et les respecter ;
- être fidèle à ses valeurs, ne pas se trahir ;
- être congruent, en accord avec soi-même.

ENTRAÎNEMENT : FAITES LE POINT SUR VOTRE CONFIANCE EN VOUS.

- **Respectez-vous toujours ce que vous éprouvez ?**
Portez-vous une attention particulière à toutes les émotions qui vous traversent ? Savez-vous qu'elles ont pour fonction de vous informer sur vous-même ? Acceptez-vous de les ressentir dans votre chair, de ne pas les étouffer ? Êtes-vous attentif à leur évolution dans votre corps, aux images et aux pensées qui vous traversent lorsque vous les ressentez ? Ne négligez jamais vos émotions, ne les sous-estimez pas. Être attentif à ses émotions, ce n'est ni de la complaisance ni de la faiblesse, c'est du respect envers le mouvement de la vie en soi, et c'est un excellent chemin vers la connaissance de soi.
- **Pouvez-vous toujours prédire vos comportements ?**

Êtes-vous capable de prédire vos comportements, de prévoir vos pulsions pour pouvoir les maîtriser ? La pulsion (l'impulsivité) nous domine et nous fait agir contre notre propre volonté, et parfois contre nos intérêts. Il convient de ne pas confondre impulsivité et spontanéité. Il est possible de travailler sur ses pulsions sans perdre sa spontanéité.

- **Savez-vous vous positionner clairement ?**

Savez-vous imposer vos choix et les affirmer sans agressivité ? En être capable, c'est encore une marque de respect envers soi-même. Être capable, seul au milieu d'un groupe, d'affirmer sa différence est une prise de risque (celui d'être rejeté par le groupe) qui ne peut que renforcer votre confiance en vous-même et la confiance que les autres vous accorderont.

• Connaissez-vous vos limites et les respectez-vous ?

Pour connaître ses propres limites, il faut les avoir éprouvées. Il est nécessaire de s'être heurté à l'échec et de l'avoir accepté comme une information sur soi, une borne entre le possible et l'impossible. Nous pouvons, par exemple, rester dix-huit heures d'affilée sans dormir. Au-delà, notre élocution ralentit, notre vue se brouille, nos idées sont confuses et nous devenons agressifs.
Il est utile de connaître ses propres limites pour ne pas s'imposer des défis irréalistes.

• Êtes-vous fidèle à vos valeurs et ne vous trahissez-vous jamais ?

L'amour, le bonheur, la coopération, l'honnêteté, l'humilité, la liberté, la paix, le respect, la responsabilité, la simplicité, la tolérance et l'unité sont les valeurs répertoriées par l'Unicef dans son guide *Éthique de vie*. Les valeurs auxquelles nous croyons déterminent nos actes. C'est en cela que nos actes nous ressemblent. À travers chacun d'eux, nous transformons un peu le monde pour lui transmettre nos valeurs. Si nous trahissons l'une de nos valeurs, par faiblesse, par lâcheté ou par peur des représailles, nous éprouvons de la culpabilité. La culpabilité est de la colère contre soi-même.

• Êtes-vous congruent ?

Cette notion rejoint la précédente. Être congruent, c'est dire oui quand on pense oui et non quand on pense non. C'est s'exprimer en vérité, c'est ne pas suivre le consensus, ne pas faire semblant pour manipuler, pour avoir la paix, pour ne pas déplaire ou par crainte d'être exclu. Si la confiance en soi est l'élément primordial dans la prise de décision d'agir, la confiance en l'autre, face à soi, installe la sécurité nécessaire à la prise de risque. Pour oser prendre le risque de s'opposer ou de déplaire, il faut avoir confiance en soi. Pour inspirer confiance, il faut être congruent.

ENTRAÎNEMENT : CONVOQUEZ VOTRE AVOCAT !

Vous êtes avocat.

Vous écrivez une lettre à votre destin pour lui expliquer pourquoi vous méritez ce qu'il y a de meilleur dans la vie. Vous tâchez de le convaincre que vous êtes digne de vivre heureux et que vous saurez ne pas gâcher la part de bonheur qu'il vous réserve.

Vous terminez par une promesse que vous vous engagez à tenir dans l'année qui vient.

Mettez ce courrier dans une enveloppe cachetée, puis dissimulez cette lettre dans l'agenda de l'année prochaine et oubliez-la.

CHANGER SES REPRÉSENTATIONS

Se constituer une représentation imagée de l'action et de son déroulement est le moyen de passer de l'intention à l'action.

ÉRIC ALBERT ET ALAIN BRACONNIER

Les représentations que nous avons du monde autour de nous et de notre place dans ce monde vont déterminer le rôle que nous allons y tenir. En effet, les croyances (les représentations) sont plus fortes que les désirs. Si vous désirez un objet mais que vous vous croyez incapable de l'obtenir, vous avez de fortes chances d'échouer dans votre tentative.

Accepter de remettre en question ses certitudes sur soi et sur le monde est un acte d'humilité très déstabilisant. Et si tout ce à quoi je crois aujourd'hui n'était pas vrai ? Et si je n'avais pas toujours raison ? Et s'il existait une autre vérité que la mienne ? Et si le bleu du ciel n'était qu'une illusion d'optique ? Et si j'étais capable de bien plus que ce que je fais aujourd'hui ? Quelle angoisse en perspective ! Mais quel univers à découvrir ! Quelles prisons à démolir !

Décider ainsi de faire tomber tous ces barreaux derrière lesquels nous nous réfugions pour nous protéger du changement, ce n'est pas si facile ! Cela demande beaucoup de courage, un peu de temps et beaucoup de curiosité.

Il peut en être ainsi de toutes nos représentations. Certaines d'entre elles sont peut-être fondées, mais la plupart sont loin de la réalité. Nous avons souvent une représentation de nos possibilités qui ne correspond pas à ce dont nous sommes réellement capables. Nous avons tendance à nous limiter dans notre développement plutôt qu'à faire preuve de trop d'ambition, et ce par peur d'échouer, par manque de courage, par habitude, par peur du regard des autres, par comparaison avec les autres, ceux qui réussissent dans les domaines auxquels nous avons trop vite renoncé.

Semer

NOTRE CORPS EST LE TERRAIN DE LA JOIE

La joie, c'est une appropriation par la conscience et par le corps de la puissance dont elle est capable.

NICOLAS GO

C'est dans notre corps que se sèment les graines de joie. Le corps est le réceptacle de toutes nos émotions. Nos sens, sollicités par un stimulus extérieur ou par sa représentation mentale, informent notre cerveau, qui provoque un signal électrique et une décharge hormonale dans notre organisme. Il se produit alors ce qu'on appelle une rupture d'homéostasie (un déséquilibre). Notre organisme répond par un comportement adapté. Comme toute émotion, la joie naît d'une sollicitation de l'un de nos cinq sens.

La joie n'est donc pas un concept abstrait, un mot, une coquille vide. Elle correspond à des sensations corporelles déclenchées par nos sens. Elle trouve son origine dans une série de perceptions parfois tellement fines, masquées sous le bruit et le mouvement du monde autour de nous, qu'elles échappent à notre conscience.

Mais la joie, lorsqu'elle parvient à notre conscience, est soudain puissante. Il arrive qu'elle nous surprenne et nous inonde comme le parfum d'une violette ou le goût d'une framboise. Le goût de la joie peut être fin et puissant à la fois pour qui prend le temps de se laisser envahir par sa présence, d'en éprouver la délicatesse, la force et toutes les nuances.

Pour éprouver de la joie, il faut aiguiser ses sens. Pour sensibiliser les enfants à la beauté des œuvres d'art, il peut être intéressant de les isoler d'abord de tout ce qui vient parasiter la perception fine des choses, comme le fit un certain cuisinier de lycée, lui-même fin gourmet, qui eut l'idée de mettre des patins de feutre sous les pieds des chaises de la cantine pour éviter qu'un bruit métallique insupportable n'empêche les lycéens d'apprécier le goût d'un plat nouveau.

ENTRAÎNEMENT : CULTIVER LA JOIE

- Chaque soir, avant de vous endormir, faites une liste de tout ce que vous avez reçu de beau et de bon dans votre journée : biens matériels, cadeaux qui vous ont été offerts ou que vous vous êtes faits, événements gratifiants (sourire, parole gentille, compliment, encouragement) ou encore bref moment de plaisir, comme une rencontre, un bon livre que vous avez découvert ou un beau film que vous avez vu.
  Numérotez-les, puis relisez-vous.
- Imaginez maintenant que vous rassemblez tous ces petits cadeaux dans le creux de vos mains et observez-les paisiblement. Ils sont à vous pour toujours ; quoiqu'il arrive maintenant, ce que vous avez reçu ne pourra jamais vous être repris. Ces moments font partie de votre vie, partie de vous-même pour toujours.
- Sachez vous remercier d'avoir été capable de les saisir consciemment et de les vivre pleinement.
- Si vous vous appliquez à ce travail régulièrement, vous constaterez bien vite que vous êtes capable de provoquer une quantité incroyable de petites sources de joie, et que ces petites sources de joie renforcent la joie profonde qui est en vous.

SE RÉCONCILIER AVEC SON CORPS

Lorsqu'on a une bonne image de soi-même, on est plus assuré, plus heureux et plus désirable aux yeux des autres.

WILLY PASINI

Avoir une bonne image de soi, c'est s'apprécier tel qu'on est. Imparfait, mais vivant. Être conscient de sa chance. Accepter de n'être « que » ce qu'on est, et se donner ainsi l'amour qu'on réclame aux autres et le droit au bonheur. S'aimer, c'est d'abord aimer son corps, tout ce qui constitue la limite entre soi et le monde. Que ce corps soit à l'image des clichés que les modes nous imposent ou qu'il soit hors normes, l'aimer est un premier pas essentiel pour être en mesure d'accueillir la joie à venir.

S'aimer soi-même ou aimer une autre personne, c'est toujours éprouver des sentiments positifs pour un être humain, des sentiments faits de respect, de confiance et d'admiration mêlés. Nous nous sentons bien en compagnie des personnes que nous estimons. Si nous éprouvons des sentiments positifs à notre égard et si nous avons confiance en nous, nous apprécierons la vie que nous menons, le corps que nous habitons, les choix que nous faisons. Si nous sommes fiers de ce que nous accomplissons et si nous sommes en accord avec nos valeurs, nous aurons une bonne estime de nous, et donc rien à craindre de la solitude. Les autres autour de nous se sentiront en confiance et ils nous apprécieront tels que nous sommes. Cessons de nous juger avec sévérité, et les autres le feront aussi. Ils nous apprécieront parce que nous saurons nous apprécier nous-mêmes et assumer nos imperfections.

ANCRER LA JOIE DANS SON CORPS

Il est possible de reproduire l'expérience de la joie en stimulant une ancre mémorielle que nous aurons pris soin de nous fabriquer.

ENTRAÎNEMENT : ANCRER LA JOIE

- Cherchez dans votre corps un point particulier où l'émotion se manifeste lorsque vous êtes en joie. Ce peut être votre cœur, votre plexus solaire, vos joues, vos épaules, votre ventre.
- Réalisez l'entraînement de l'expérience paroxystique.
- Relisez votre texte (à voix haute si possible) lorsque vous avez fini d'écrire et, dès que vous ressentez l'émotion de joie envahir votre corps, posez votre main droite sur la partie de votre corps la plus réceptive à cette émotion. Soyez bien conscient de votre geste. Restez dans l'émotion pendant quelques secondes. Retirez votre main avant que l'émotion ne faiblisse.

ENTRAÎNEMENT : ANCRER LA JOIE

- Cherchez dans votre corps un point particulier où l'émotion se manifeste lorsque vous êtes en joie. Ce peut être votre cœur, votre plexus solaire, vos joues, vos épaules, votre ventre.
- Réalisez l'entraînement de l'expérience paroxystique.
- Relisez votre texte (à voix haute si possible) lorsque vous avez fini d'écrire et, dès que vous ressentez l'émotion de joie envahir votre corps, posez votre main droite sur la partie de votre corps la plus réceptive à cette émotion. Soyez bien conscient de votre geste. Restez dans l'émotion pendant quelques secondes. Retirez votre main avant que l'émotion ne faiblisse.
- Ce geste est une ancre. Lorsque vous vous serez suffisamment entraîné, ce simple geste ranimera la production d'endorphines et de dopamine dans votre cerveau, et vous pourrez ainsi reproduire chaque jour cette sensation de joie bienfaisante.

Désormais, à chaque fois que vous vivrez une expérience de joie, prenez soin d'ancrer cette expérience en posant votre main sur la partie de votre corps que la joie inonde.

DEVENIR PORTEUR DE JOIE POUR RAYONNER

La joie que nous inspirons a cela de charmant que, loin de s'affaiblir comme tout reflet, elle nous revient plus rayonnante.

VICTOR HUGO

Vous avez peut-être, comme moi, été frappé par le rayonnement de certains êtres. Ils irradient, comme éclairés par une joie intérieure, leurs yeux sont lumineux, leur visage vous accueille. Vous avez croisé leur regard et vous vous êtes alors senti chez vous, naturellement. De tels êtres sont précieux. Leur seule présence apaise, soutient, console. Ils sont porteurs d'espoir et de confiance, comme un phare au bout de l'océan, comme la lumière après le tunnel. Ils sont bienfaisants parce qu'ils sont habités par cette joie sereine qui les traverse et s'offre à nous. Il ne tient qu'à nous de leur ressembler un peu, il ne tient qu'à notre regard sur la joie de changer imperceptiblement pour que tout notre être soit instantanément porteur d'espérance pour les autres.

La capacité à se connecter à sa propre source de joie apporte une certaine paix intérieure. Parce qu'elle nous délivre un message confiant envers la vie, qu'elle nous assure de notre capacité à rebondir quels que soient les événements, elle nous épargne la peur, cette source de stress inépuisable.

Or la peur est certainement, de toutes les émotions, la plus rapidement contagieuse. Si vous parvenez à réguler vos peurs, vous ne contaminerez pas votre entourage. Vous deviendrez capable d'inspirer la confiance par ce qu'on appelle le « langage non verbal », c'est-à-dire, le langage de votre corps, et ce de manière totalement naturelle et inconsciente, juste parce que vos pensées seront en accord avec vous-même. Vos proches percevront la cohérence et l'authenticité de votre message. La congruence dans la joie est un puissant soutien pour les autres, elle apaise les doutes en installant la confiance et permet l'émergence de l'optimisme.

Prendre soin de la joie en soi

TROUVER DES POINTS DE REPÈRE EN SOI POUR SOUTENIR SA JOIE

Nous sommes à la fois les témoins et les acteurs d'une époque bouleversée. Nous avons voulu le progrès technique, certains qu'il pouvait, à lui seul, assurer notre bonheur. Pour cela, nous avons soumis la nature à notre volonté, modifié son rythme et ses cycles, extirpé ses ressources. Aujourd'hui, nous savons que le progrès technique seul ne suffit pas à nous rendre heureux, et nous découvrons la nostalgie de la joie.

Autrefois, chacun pouvait camper sur ses certitudes et sur son territoire. Aujourd'hui, les frontières entre les idées n'existent plus. Nous sommes soumis aux influences les plus diverses et nous cherchons des références universelles et incontestables pour construire notre vie autour d'un point stable. En attendant, nous consommons des antidépresseurs et des anxiolytiques.

La préoccupation du lendemain, la peur de l'inconnu et du changement ne nous laissent pas le loisir de cultiver la joie au quotidien. À peine avons-nous obtenu un emploi que nous sommes menacés de le perdre. Les informations qui nous parviennent sont angoissantes, déstabilisantes. Les guerres et les pandémies sont à nos portes ; les dieux nous ont abandonnés, et nous reviennent menaçants d'intégrismes divers. Notre nourriture est polluée, l'air que nous respirons menace notre santé. Le monde paraît soudain trop grand, trop rapide, trop dangereux pour qu'on y trouve la sécurité nécessaire à la croissance de la joie.

C'est la première fois dans l'histoire de l'humanité qu'un tel bouleversement s'opère dans un temps si court sur la totalité de la planète. Nous ne pouvons donc pas nous tourner vers le passé pour en tirer des leçons et trouver des repères. Le travail est réservé aux plus chanceux, la famille éclate, la politique s'encanaille, les valeurs s'opposent, se contredisent. Dieu nous interroge, il a tellement de visages et de vérités contradictoires. L'amour de la patrie a fait place à l'amour obligatoire de la globalisation. Que nous reste-t-il en commun que nous jugeons respectable ? Quelle pourrait être la valeur universelle sur laquelle nous mettre tous d'accord ? Nous cherchons nos valeurs dans un monde qui s'agite, nous cherchons à tenir debout comme sur un manège de fête foraine. Cet effort nous épuise, et les points stables nous échappent à mesure que se construit la mondialisation à visage inhumain et que s'installe le choc des valeurs.

Nous devenons égoïstes devant notre incapacité à ralentir le manège, à faire le tri dans les idées, à comprendre et à classer l'univers. Comment pourrait-il en être autrement quand le fait de se fier à une référence extérieure est si risqué ? Nous avons besoin d'un point stable auquel se référer, et c'est en nous-mêmes que nous pouvons le trouver. Qu'est-ce qui peut vous rendre très heureux ? Quelle est la chose qui comblerait votre vie, qui vous permettrait de dire, au soir de votre existence, que vous avez vécu quelque chose de merveilleux ?

Lorsque vous aurez trouvé en vous un point de repère en expérimentant volontairement la joie, vous aurez compris de quoi ce livre veut vous entretenir. Vous posséderez alors une référence à laquelle mesurer vos joies à venir.

APPRENDRE À DIRE NON, CHOISIR, EN ÉPROUVER DE LA JOIE

Savoir se positionner, savoir dire non quand on pense non, au risque de perdre l'amour de l'autre, c'est se respecter et offrir à l'autre une image de soi cohérente. C'est faire des choix et les affirmer sans agressivité. C'est une question de respect envers soi-même. Être capable, seul au milieu d'un groupe, d'affirmer votre différence ne peut que renforcer votre confiance en vous-même et la confiance que les autres vous accorderont.

On parle de « congruence » quand ce que l'on ressent est en accord parfait avec ce que l'on dit et ce que l'on pense. C'est un état d'harmonie dans lequel nous sommes bien. Nous avons le sentiment de ne mentir ni aux autres ni à nous-mêmes. Ce que nous affirmons correspond à nos valeurs et à nos croyances. Émotions, sentiments et comportements sont en adéquation parfaite.

Respecter ses limites, c'est savoir dire non. C'est être capable de ne pas aller au-delà de ce qui vous paraît supportable pour plaire à l'autre. C'est encore vous respecter. Cependant, comme nous l'avons déjà évoqué, il faut avoir éprouvé ses propres limites pour les connaître.

Nos besoins sont parfois contradictoires. Nous voulons ceci, et en même temps nous voulons son exact contraire. Être capable de percevoir en soi cette réalité, c'est déjà prendre du recul sur ce qui nous arrive au lieu d'en être le jouet. On peut très bien avoir besoin de partager un bon repas avec des amis et, en même temps, besoin de maigrir. On peut avoir besoin de finir un travail urgent et, en même temps, besoin de dormir. Ces contradictions nous poussent à choisir en permanence, aussi bien quand il s'agit d'actions minimes que quand il s'agit d'actes qui engagent notre vie (choisir entre deux employeurs, par exemple). Savoir assumer ce double langage en soi, savoir trancher par un choix qui tienne compte des priorités que nous nous fixons à un moment précis de notre vie permet de ne pas se morfondre sur ce qui aurait pu être, sur ce qu'on a perdu, mais, au contraire, d'apprécier les aspects positifs de nos choix.

Choisir, c'est se priver du reste.

ANDRÉ GIDE

Tout choix est source d'angoisse, plus ou moins importante bien entendu, mais tout choix implique un abandon, un renoncement. Beaucoup de gens ont du mal à choisir. Notre société propose tant de choix... Dans un article publié en novembre 2004 dans la revue *Cerveau et psycho*, Barry Schwartz nous interroge : un excès de choix est-il nuisible ? L'effort à fournir face à la prise de décision et la crainte de l'erreur engendrent l'anxiété, la frustration et parfois même la dépression. Il semble, d'après une étude sociologique menée en France, que l'augmentation des choix et l'accroissement des richesses s'accompagnent d'une diminution du sentiment de bien-être. Choisir quelque chose, c'est abandonner autre chose. Cet abandon est source de frustration. Il apparaît, d'après cette étude, que les pertes nous font davantage souffrir que les gains ne nous réjouissent. Voilà pourquoi la société de consommation, malgré la multitude d'opportunités qu'elle met à notre disposition, ne parvient pas, à elle seule, à nous rendre heureux. La complexité et la confusion embrouillent l'esprit et freinent l'action. Nos choix participent à la construction de notre cerveau : en faisant des choix, nous perdons des neurones pour en favoriser d'autres. Choisir, c'est donc faire le deuil du reste pour évoluer. Et choisir sans éprouver de regrets s'apprend avec le temps.

Grandir, c'est aussi se donner l'occasion de redéfinir ses priorités.

THOMAS D'ANSEMBOURG

Pour parvenir à faire des choix sans éprouver de regrets pour ce qu'on a délaissé, il serait utile de :

— limiter ses sources de choix ;

— se fixer des critères de choix *a minima ;*

— choisir le premier objet satisfaisant ces critères ;

— oublier ce qui pourrait être mieux ;

— se réjouir et se féliciter d'avoir trouvé l'objet qui remplit les critères que nous avons fixés.

Choisir en fonction de ses propres critères, c'est prendre le risque de s'affirmer différent. Être hors normes, c'est s'exposer à la vindicte populaire, à la critique, aux conseils, aux reproches, au dédain, au rejet, voire au mépris. C'est s'exposer au risque de souffrance que tous ces comportements déclenchent. Voyez comme la mode, par exemple, nous impose ses critères. Faire des choix en fonction de ses propres critères renforce l'estime de soi.

La satisfaction du besoin d'estime de soi conduit à des sentiments de confiance en soi, de valeur, de force, de compétence, de capacité, et d'être utile et nécessaire dans le monde. Mais la frustration de ces besoins génère des sentiments d'infériorité, de faiblesse et d'impuissance. Ces sentiments entraînent à leur tour soit un découragement, soit des tendances compensatoires ou névrotiques. L'étude des névroses traumatiques graves nous enseigne clairement à quel point un minimum de confiance en soi est nécessaire et combien démunis face au monde sont les individus qui en sont privés.

ABRAHAM MASLOW

Choisir, c'est aussi prendre le risque de la critique. Face à la critique, rendez à l'autre la responsabilité de son jugement : « Si tu me vois comme cela, c'est à cause de tes yeux. » Ce n'est pas une attitude qui nous est familière – on aurait plutôt tendance à se justifier, à se défendre ou à répliquer par l'agressivité –, mais nous pouvons l'acquérir progressivement. Lorsqu'on y parvient, on a fait un si grand pas que plus jamais on ne ressentira les critiques avec la même acuité.

Chacun construit le monde à travers son propre regard. Ce qui m'apparaît comme la vérité, l'évidence, ne l'est pas forcément pour un autre. Est-ce que la vision que j'ai du bonheur est la même que celle d'un moine bouddhiste, que celle du citoyen américain moyen ou que celle d'un habitant de la bande de Gaza ? Bien sûr, la mondialisation et l'échange instantané des informations à l'échelle de la planète tendent à uniformiser nos désirs et nos rêves, mais nous restons cependant uniques car nous n'avons toujours qu'une vision parcellaire de la réalité. Nous observons le monde et les autres à travers nos cinq sens, et nous savons à quel point ces derniers peuvent nous tromper parfois. Il n'est qu'à voir la fragilité des témoignages après un accident de la route pour s'en convaincre : tout le monde est sûr d'avoir bien vu, mais personne n'a vu tout à fait la même chose. Au-delà de la fiabilité de nos cinq sens, il faut encore compter avec la sensibilité particulière de chacun, avec les valeurs auxquelles il est attaché, avec ses croyances, avec ses émotions, avec sa culture, avec ce qu'il juge bien ou mal, bon ou mauvais. Ce que l'autre perçoit de vous lui appartient comme ses pensées, ses rêves et ses doutes. Vous n'êtes pas responsable de ce qu'il croit de vous ; vous avez le droit de ne pas partager son opinion à votre sujet et de le lui faire savoir, de même que vous avez le droit de ne pas vous justifier. L'essentiel est que vous pensiez que ce que l'autre dit le concerne, lui. Si vous parvenez à intégrer cette idée, vous n'éprouverez aucune colère à son égard, aucun besoin de vous justifier, et vous garderez votre stabilité interne face à tout jugement.

L'EXPÉRIENCE OPTIMALE, L'EXPÉRIENCE DE LA JOIE SELON MIHALY CSIKSZENTMIHALYI

La joie consiste dans le passage à une perfection plus grande.

SPINOZA

L'expérience optimale est un concept développé par Mihaly Csikszentmihalyi. Selon lui, les moments de joie que nous vivons sont associés à « un sentiment de fluidité mentale et d'intense concentration sur des tâches qui mobilisent toutes nos compétences ». L'expérimentation tend à conforter cette idée.

Léa, cinq ans, se penche sur la feuille blanche. Son bras gauche encadre la feuille comme pour la protéger tandis que sa main droite s'applique à tracer la silhouette d'un cheval. Son geste est lent, le trait est appuyé, précis. Son regard est captivé par le point exact de rencontre entre la pointe du crayon et le papier. Elle tire la langue, ne prête attention ni à la mèche de cheveux qui retombe sur son visage ni à ma présence. Je lui propose son goûter préféré, elle répond sans quitter son dessin des yeux : « Tu vois, c'est un cheval, il s'appelle Pompon, il est très gentil et il est très beau. J'aime bien monter sur son dos. Regarde ses yeux, là, ils sont comme ça, ses yeux… » Et elle continue, complètement absorbée par sa tâche, soucieuse de la précision du trait et de la couleur, insensible à tout ce qui se passe autour d'elle. Elle semble ne faire qu'un avec son dessin. J'admire cette capacité à se concentrer et j'observe sa joie lorsqu'elle achève fièrement son dessin. Elle rayonne, elle veut me faire partager sa joie.

Sa concentration était telle que mon intervention ne l'a troublée à aucun moment. Léa a su mobiliser toute son énergie pour la seule réalisation de sa tâche. Elle vient de vivre une expérience optimale. Comme tous les enfants, elle a cette capacité naturelle à se fondre totalement dans ce qu'elle fait, ce qui lui permet de vivre de nombreuses expériences optimales tout au long de la journée.

Une telle expérience est à la portée de chacun de nous. Elle permet de ressentir la joie véritable en soi. Elle nous apporte une force et un bien-être immédiats, elle nous détourne du malheur et nous concentre sur ce qui est le plus beau et le plus productif en nous.

ENTRAÎNEMENT : UNE EXPÉRIENCE OPTIMALE

- Trouvez dans votre vie des moments durant lesquels vous avez déjà vécu, ne serait-ce que l'espace d'un instant, une telle expérience.
- Lancez-vous un défi réalisable pour chaque jour de la semaine à venir, et apprenez à goûter le plaisir de l'expérience optimale. Par exemple, réalisez une nouvelle recette en respectant scrupuleusement chaque indication donnée, démontez le mécanisme d'un réveil pour comprendre comment ça marche, repérez chaque instrument d'un orchestre lorsque vous êtes à un concert, coloriez un mandala…

  Lundi :

  Mardi :

  Mercredi :

  Jeudi :

  Vendredi :

  Samedi :

  Dimanche :
- Savourez pleinement les bienfaits de l'expérience. La semaine suivante, offrez-vous deux expériences de ce type par jour. Vous constaterez ainsi que la vie peut devenir une expérience optimale constante.

CONDITIONS D'UNE EXPÉRIENCE OPTIMALE

L'activité doit comporter...

... premièrement, un défi réalisable qui va entraîner une concentration totale dans le temps estimé nécessaire à la réussite. Le défi doit se situer juste au-dessus des capacités actuelles pour demander un effort, mais il ne doit pas être trop loin de ces capacités pour que l'effort soit raisonnable ; par exemple, si l'on sait pouvoir courir pendant 15 minutes, tenter aujourd'hui de courir 16 minutes.

... deuxièmement, un but clair, qui évite la dispersion de l'énergie dans des choix possibles tout au long de la réalisation de la tâche. Il vaut mieux, par exemple, repérer le chemin sur une carte avant de partir pour une longue balade.

... troisièmement, un effort physique ou une activité mentale disciplinée qui maintienne la concentration nécessaire à l'effort. En disciplinant l'esprit, on évite l'entropie, cette dispersion de la conscience qui disperse également les énergies ; la concentration nécessaire à décrypter le sens d'un texte, par exemple, rend imperceptible tout ce qui se passe autour de soi. Lorsqu'on accomplit un effort physique, on monopolise l'oxygène du sang pour irriguer les muscles nécessaires à l'effort ; ainsi, l'effort nécessaire à la course à pied oblige le coureur à concentrer sa pensée « dans ses jambes » le temps de la course.

… quatrièmement, une absence de préoccupation à propos de la perte de contrôle qui évite la dispersion de l'attention : un skieur qui dévale une piste, par exemple, ne peut se permettre de penser à autre chose sans prendre le risque d'une chute. Pendant la durée de l'expérience, la perception du temps est altérée.

… cinquièmement, une rétroaction immédiate, c'est-à-dire une évaluation constante de ce qu'on est en train de faire ; cela permet de maintenir la conscience en éveil et d'encourager le bon geste. Prenons l'exemple d'une personne pratiquant l'escalade : elle doit en permanence chercher la bonne prise ; si elle se trompe, elle le sait immédiatement !

BIENFAITS ET LIMITES D'UNE TELLE EXPÉRIENCE

L'expérience met de l'ordre dans la conscience (disparition de l'entropie) et renforce la structure du soi (confiance en ses capacités) ; elle permet l'exercice du contrôle sur les événements, ce qui fait disparaître l'anxiété. L'expérience mène celui qui la vit vers le futur, elle entraîne vers un progrès, un dépassement du présent. Ces éléments réunis installent une paix intérieure et une satisfaction immédiate qui favorisent une bonne circulation des énergies, une respiration plus ample, une meilleure oxygénation du sang et la production naturelle d'hormones dopantes et apaisantes (dopamine et endorphines).

Si une certaine dose de stress est indispensable pour mobiliser l'énergie nécessaire à l'effort à fournir pour atteindre son objectif (les parties du corps nécessaires à l'effort doivent être davantage irriguées par le sang), cette dose ne doit pas être dépassée. Au-delà d'une certaine limite, l'organisme doit monopoliser ses énergies pour réparer les tissus endommagés.

EXEMPLE DE COURBE OPTIMALE D'ACTIVATION DU STRESS

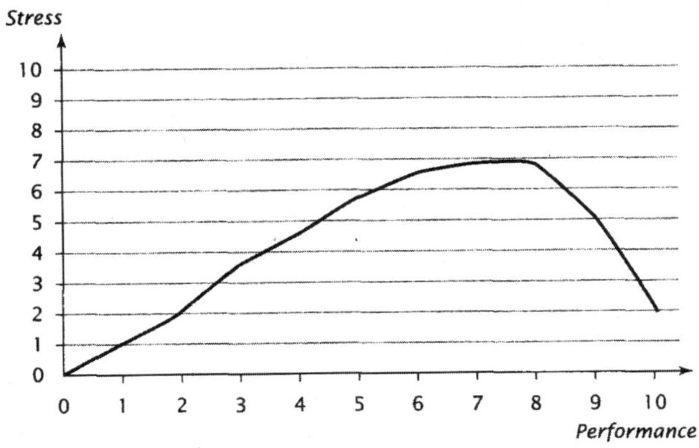

Nous pouvons remarquer, dans cet exemple, qu'au-delà de 8 (dose de stress nécessaire à l'activation optimale de l'organisme), la performance diminue. Il est donc utile de limiter son effort pour ne pas dépasser la dose de stress que notre organisme peut endurer. C'est le phénomène observé parfois sur les athlètes qui ont subi trop de pression et craquent tout à coup, ou sur les candidats à un concours qui perdent leurs moyens à la dernière minute.

LA JOIE DE CRÉER, DE FAIRE

Il est plus commode de croire ce que l'on prétend que de réaliser ce que l'on croit.

NICOLAS GO

Faire, c'est être. Nous sommes ce que nous faisons à chaque instant. C'est à travers nos actes que nous créons notre cerveau, notre corps, notre être tout entier. C'est à travers les actes que nous accomplissons que nous créons le monde à chaque seconde. C'est à travers nos actes que s'élabore notre personnalité. On oppose volontiers « avoir » et « être », peut-être serait-il judicieux d'opposer « avoir » et « faire ». Car « faire », c'est créer, se créer une réalité, une existence, c'est « être », en quelque sorte.

Dès qu'il se sent capable d'utiliser ses mains, l'enfant cherche à agir sur son environnement. Il prend un crayon et dessine. Il est concentré et sérieux. C'est un acte important, et ce que nous percevons comme un gribouillage avec nos yeux d'adulte est pour lui une création dans le sens où il produit quelque chose de personnel. Voyez comme il déteste que vous interveniez dans son dessin. C'est son dessin, son œuvre, sa production. C'est un peu de lui projeté dans le monde auquel il appartient et qu'il va modifier par les actes qu'il accomplira, à mesure qu'il y prendra sa place.

Au cœur même de la joie réside notre potentiel de créativité. La création ne se limite pas à la production de l'objet créé, elle modifie le créateur, elle le transforme en l'emmenant sur le chemin de sa propre joie. Elle crée un pont entre la joie du créateur et la joie des personnes qui profitent de la création. Il peut s'agir d'une œuvre d'art comme d'une recette de cuisine ou de l'invention d'un vaccin. Dans tous les cas, au-delà de la création elle-même, un lien de joie se crée entre celui qui « fait » et celui qui « reçoit ».

Il existe sans doute un domaine dans lequel vous vous sentez plus habile pour créer : le dessin, la peinture, la cuisine, la musique, l'écriture, la mode, l'enseignement, la poésie, la mécanique, l'ébénisterie, l'art floral… Si vous ne lui donnez pas l'occasion de s'exprimer, cette capacité va s'étioler et vous la perdrez. Donnez-vous une chance de la développer. Essayez-vous à différentes activités et autorisez-vous à renoncer, à changer d'activité, à revenir à la précédente.

Comment pouvez-vous connaître vos talents si vous ne vous confrontez pas à la réalité ? Pour ne pas vous retrouver à dire un jour « J'aurais peut-être pu... », mettez-vous au travail dès aujourd'hui. Arrêtez de repousser au lendemain. C'est en ce moment même, alors que vous lisez ces lignes, qu'il faut agir et se mettre au défi de créer. Dès que vous aurez accompli un acte créateur, aussi modeste soit-il, vous aurez un aperçu de ce qu'est la joie de l'artiste.

La joie profonde, la paix et le bien-être nous envahissent quand nous contemplons le résultat de nos efforts et de notre concentration. À l'instant précis où cette émotion nous inonde, nous n'avons besoin de rien d'autre, nous sommes heureux de vivre, tout simplement. La vitalité, c'est l'appétit de faire.

SCULPTER SA VIE

Lorsqu'on lui livra le bloc de marbre de Carrare, l'homme fut intimidé par tant de beauté. Un marbre parfaitement blanc, à peine veiné par endroits. Il l'observa longtemps, le caressa amoureusement du plat de la main, comme il aurait caressé le corps d'une femme. Il y posa un baiser pour en goûter la fraîcheur. Puis il se souvint de ce qu'il avait à accomplir : une œuvre d'art.

Il imaginait son œuvre accomplie. Une œuvre magistrale. Un personnage de grande taille, en mouvement, le poing et le menton levés vers le ciel, l'expression volontaire, les voiles de son vêtement flottant derrière lui. Un conquérant. De son visage et de son geste émaneraient la force et la puissance.

Il n'avait pas une grande expérience de la sculpture, mais il avait observé les anciens et écouté leurs conseils. Il savait qu'il devrait s'adapter aux contraintes au fur et à mesure qu'il les découvrirait. Le plus difficile fut, pour lui, de se résoudre à entamer le marbre, se hasarder sur sa beauté, briser sa matière, sacrifier certaines faces au risque de se tromper. Entamer le marbre, c'était déjà entamer sa joie. Il fallait pourtant en sacrifier la plus grande partie pour faire émerger l'œuvre.

Il se mit au travail. Son cœur battait très fort tandis que des brisures de toutes tailles s'éparpillaient sur le sol et que la poussière envahissait la pièce. Le marbre perdait de sa beauté et de son brillant à mesure qu'il l'attaquait. L'homme sentit sa gorge se nouer, la peur et un vague sentiment de culpabilité l'envahir. N'était-il pas en train de tout gâcher ? Il doutait tandis que le bloc s'amenuisait. Faisait-il les bons choix, les bons gestes ?

Il se crispait sur l'outil, anxieux. Il s'épuisait, et maintenant son dos le faisait souffrir.

Soudain, tout un pan de marbre se détacha et se brisa sur le sol. L'homme, anéanti, jeta ses outils à terre, maudissant le sort et son injustice, maudissant les carrières qui lui avaient sans doute fourni une pièce de moindre qualité. Ou bien le bloc avait-il été malmené pendant le voyage ? Quel manque de chance ! Il fallait que ça lui arrive, à lui ! Quelle faute avait-il commise pour mériter cela ? Il laissa sa colère et son désespoir l'emporter, et dut finalement renoncer au projet du bras levé vers le ciel, qui représen tait pourtant à ses yeux toute la majesté de son œuvre. Désespéré, il décida de tout abandonner.

Et puis, un matin, il sentit que sa colère s'était apaisée et que sa peine était moins lourde. Quelque chose en lui, une sensation nouvelle au creux de la poitrine, comme une fleur qui s'ouvrait, lui signifia que son chagrin était consommé. La joie s'était à nouveau frayé un chemin en lui.

Il observa ce qu'il restait du marbre. *Je peux peut-être en faire quelque chose*, songea-t-il. Il sentit que la fleur en lui s'ouvrait davantage, qu'elle lui procurait une douce chaleur et une sensation de joie inconnue, à la fois paisible et puissante. Il décida de la laisser s'épanouir et se promit de l'entretenir soigneusement. Elle lui donnait de la force et du courage.

Il se mit alors à imaginer un personnage différent, moins conquérant peut-être, mais plus accueillant, le geste arrondi, le visage incliné, le sourire à peine esquissé. Un personnage aimant, sécurisant, généreux.

Il se remit au travail. À nouveau, jour après jour, du matin jusqu'au soir, il tailla la pierre, parfois encore avec le burin, puis avec des ciseaux de plus en plus fins. Il lui arrivait de travailler huit heures d'affilée sur un détail sans ressentir aucune fatigue. Il oubliait parfois de dormir, et souvent de manger. Et la joie grandissait en lui à mesure que l'œuvre prenait forme. S'il lui arrivait encore parfois de douter, c'était de moins en moins souvent. La joie avait pris racine dans son cœur, elle se répandait à présent dans tous ses membres, il sentait sa présence qui le tenait en éveil et qui encourageait chacun de ses gestes.

Le bloc de marbre diminuait de jour en jour. Petit à petit, les formes s'affinèrent, se firent de plus en plus élégantes. L'expression adoucie du visage, qu'il peaufinait au sable, témoignait de la présence de la joie en lui. La douleur dans le dos avait complètement disparu. L'homme sentait tous les muscles de son corps se détendre un à un, son poignet s'assouplir. Le travail se faisait de plus en plus facile, sa main courait presque seule sur l'œuvre, comme mue par une force intérieure beaucoup plus savante et plus paisible que lui. Plus confiante, aussi. La joie, en lui, grandissait toujours, s'enracinait plus profondément, le doute s'éloignait. À présent, il n'hésitait plus du tout à sacrifier le marbre inutile.

C'est alors qu'un matin, en s'éveillant, il vit la chose. La lumière qui entrait par la fenêtre éclairait son œuvre presque achevée d'une manière étrange. Jamais encore elle ne lui était apparue aussi belle. Un rayon de soleil posé sur la ligne du cou, juste sous l'oreille, faisait palpiter une veine. La statue respirait. Son cœur battait sous la soie du marbre. Elle vivait. L'homme resta prostré, n'osant bouger de peur que le miracle cesse. Des larmes de joie perlaient à ses yeux.

Il observa le reflet de son visage dans le seul miroir de la pièce. Dans son propre cou, une veine palpitait, comme en écho à son œuvre. Il se sentit vivant, tellement vivant ! Une bouffée de joie plus intense encore l'envahit alors, le temps arrêta de s'écouler.

L'instant présent lui apportait toute la joie possible, une joie éblouissante, la joie d'être vivant et d'avoir été capable, de ses mains, de sculpter sa propre vie.

Récolter

CONTEMPLER SON ŒUVRE : LA JOIE CONTEMPLATIVE

La joie contemplative, la félicité, la béatitude sont comme « une jouissance d'éternité », selon les termes d'André Comte-Sponville. La joie contemplative se goûte dans le silence. La joie contemplative exige le passage au silence. Silence extérieur, absence de bruits dérangeants, mais surtout silence intérieur, détachement du vacarme du mental pour vivre l'instant présent comme un instant de perfection. Une telle joie est le résultat de la présence absolue à l'instant et au lieu, qui se confondent alors en un moment d'éternité. Toute parole est bavardage, toute parole est agitation de la pensée. La joie contemplative est, au contraire, apaisement de la pensée rationnelle et accueil de l'affect dans une sorte de fusion.

La joie contemplative, c'est la sérénité ressentie devant la contemplation du bien et du beau. La puissance silencieuse de la joie remplit l'être qui sait se mettre à l'écoute. Elle lui donne la force de supporter les imperfections du quotidien. Cette joie s'inscrit dans la durée. Cette qualité de ressenti fait le lien entre « émotion de joie » et « sentiment de joie ». L'émotion que nous éprouvons en pénétrant dans une cathédrale peut être prolongée par le silence et le recueillement. Cette qualité « d'être au monde » qui nous envahit alors est un véritable sentiment de joie pérenne. Même si elle semble nous échapper lorsque nous sortons de l'édifice pour retrouver les bruits de la rue, nous sentons que quelque chose s'est inscrit en nous, quelques secondes d'éternité qui laissent une trace ondulatoire de joie dans notre corps. Quelque chose comme un écho de silence qui vient nourrir notre joie d'être vivants.

Cette qualité de joie donne parfois accès à une expérience paroxystique, une expérience de vérité dans laquelle le temps et l'espace sont abolis, la dichotomie entre les objets s'efface, et nous nous fondons nous-mêmes dans l'expérience. Vivre cette joie-là une fois dans sa vie suffit à repérer en soi une source inépuisable de joie transcendante, à laquelle il sera possible de se référer tout au long de son existence.

Puisque la joie dépend d'une disposition de l'esprit, elle exige une certaine qualité du regard. La chose observée est belle si notre regard l'observe avec bienveillance. Si nous y cherchons l'émotion, si nous la trouvons, alors nous disons que cette chose est belle. Si, en toute chose, votre regard cherche le bien, il le trouvera. Ainsi, nous cessons de nous ériger en juge, comme nous avons trop tendance à le faire spontanément (« C'est bien », « C'est mal »), nous cessons de condamner et de séparer le bon grain de l'ivraie – car ils sont inséparables, comme la vie est indissociable de la mort –, mais notre regard s'attardera sur celui-là plutôt que sur celle-ci.

Nicolas Go affirme que la joie fonde un rapport d'adhésion au présent, c'est-à-dire que nous devons, en toutes occasions, accepter ce qui arrive sans jugement et chercher ce que nous pouvons y déceler de prometteur et de bénéfique.

REMERCIER LA VIE

Il ne faut jamais oublier de remercier la vie lorsqu'elle se montre généreuse avec nous. Se souvenir de tout ce qui nous procure de la joie permet de reproduire en soi les sensations éprouvées lors de l'expérience de la joie. Remercier la vie. Ou Dieu. Ou son inconscient. Ou soi-même pour les choix que nous avons faits et qui se sont avérés judicieux et fructueux. Il ne faut jamais oublier cette dernière phase de la culture de la joie. Elle ancre en nous le sentiment de réussite nécessaire à l'émergence d'une nouvelle pousse. Se dire qu'on est capable de fabriquer des événements susceptibles de nous rendre heureux et de rendre le monde meilleur est une jouissance dont on aurait tort de se priver ! Elle contribue à forger une bonne estime de soi et à poser un regard bienveillant sur le monde. Et plus nous serons solides, plus il nous sera facile de devenir porteurs de joie.

EN TIRER DES LEÇONS

La joie est une expérience reproductible. L'expérience de la joie (le bien-être dû à une production d'endorphines et de dopamine) s'inscrit dans notre mémoire en y associant des objets particuliers ou simplement des éléments constitutifs de ces objets. Imaginons que vous ayez éprouvé la joie un soir d'été en entendant un morceau de musique, alors que vous étiez allongé sur votre terrasse occupé à contempler les étoiles. Ainsi s'est imprimé en vous le souvenir d'un moment de bien-être que votre cerveau va associer à une certaine musique, à un certain parfum et à des sensations presque inconscientes dues à la position de votre corps et à la fraîcheur du soir. Plus l'émotion ressentie est intense, plus le souvenir s'inscrit profondément en vous. Il suffira alors, à l'avenir, que vous perceviez la présence d'un seul des éléments de ce scénario dans votre environnement pour que ressurgisse l'émotion.

Lorsque vous aurez repéré ce phénomène, vous serez capable de recréer l'émotion à partir d'un seul de ces éléments. Les objets qui nous entourent n'ont de valeur qu'à travers l'émotion qu'ils sont capables de susciter en nous. Leur valeur marchande n'est qu'une convention arbitraire.

DONNER UNE DIMENSION SPIRITUELLE À SON EXISTENCE

Donner une dimension spirituelle à sa vie, c'est dépasser le stade de simple consommateur des plaisirs de l'existence. Donner à sa vie « un sens qui dépasse le tombeau », c'est devenir un fin gourmet, un esthète. C'est voir la beauté au-delà de la chose observée, sentir en chaque objet le talent, la volonté de créer, de vivre, le mystère de l'indicible, l'âme des choses.

Derrière chaque objet rencontré par nos sens, il y a l'émotion, l'émotion de celui qui l'a créé et notre propre émotion. Parfois, un miracle se produit, les deux émotions se rencontrent, et l'observateur tombe en amour. C'est ce qui se passe lorsque nos sens entrent en contact avec une œuvre d'art qui nous parle du mystère en nous, de ce que nous éprouvons confusément et dont nous avons du mal à exprimer la réalité et le contenu.

Ce que nous nommons Dieu n'est-il pas cette force inconnue au fond de chaque être qui l'incite à repousser ses propres limites, à vouloir le bien et le beau, à transcender son existence, à lui donner un sens qui dépasse sa simple condition humaine ? Se mettre en contact avec cette puissance en soi, c'est sans doute la meilleure voie pour donner à sa vie une dimension spirituelle.

Ainsi, l'expérience du sacré peut être proche d'une expérience sensorielle, kinesthésique. Sentir la présence de la joie en soi, c'est en finir avec la solitude et le désespoir, c'est reconnaître la part d'universel dont nous sommes porteurs et responsables. C'est se sentir solidaire du reste de l'humanité et en éprouver un sentiment de plénitude. C'est retrouver l'unicité que nous avons perdue en quittant le ventre maternel.

Sans cette présence en soi, l'homme entretient la nostalgie inconsciente du paradis perdu qui le pousse à chercher un substitut de mère, un être tout entier dévoué à sa cause et uniquement préoccupé de ses besoins et de ses désirs. Cette recherche désespérée – et son cortège d'émotions, de sentiments et de comportements – nous égare et nous désespère souvent.

Trouver le divin en soi est la meilleure réponse à l'angoisse de séparation et le plus sûr chemin vers la liberté et l'autonomie, sources de joie.

Cultiver la joie tous terrains…

meilleure façon de se préserver un lieu où poser ses bagages et reprendre des forces, comme un voyageur fatigué aime s'arrêter dans une auberge familière.

PRÉSERVER ET ENTRETENIR LA JOIE NATURELLE DES ENFANTS

Entre l'autoritarisme de l'ancien schéma familial et le « *no limit* » des années 70, il existe un moyen terme où se situer pour être un adulte responsable vis-à-vis de ses enfants. La joie naturelle de l'enfant le pousse à prendre des risques qu'il ne peut mesurer. L'adulte aura la charge délicate de lui épargner le danger sans lui couper les ailes. Car cette joie naturelle, c'est le moteur de sa vie à venir. Si tout lui est interdit, si la vie n'est que dangers et renoncements, alors sa joie étouffera sous la carapace de la sécurité. La tâche est difficile pour les parents et les professeurs, toujours à réinventer en fonction de l'époque dans laquelle l'enfant grandit. Il n'y a pas de recette miracle, chacun dosera la part d'encouragements et la part d'interdits nécessaires en fonction de ses propres expériences et du contexte tel qu'il l'appréhende. Personne ne peut prétendre maîtriser parfaitement et en permanence les quantités nécessaires à la préservation de la joie dans le cœur d'un enfant.

Notre exemple d'adulte, les manifestations de notre amour de la vie, notre optimisme et notre capacité à gérer les frustrations au quotidien sont, sans doute, les plus belles leçons que nous pouvons fournir à nos enfants pour leur apprendre à entretenir la joie en eux. Répétons-leur souvent que la vie est belle et intéressante, et elle le deviendra malgré les embûches.

CULTIVER LE MÊME JARDIN

Donner un temps de qualité à ceux qui nous sont proches, c'est permettre à la joie d'éclore. Ce peut être expérimenter une nouvelle recette avec ses parents, repenser la décoration d'un appartement avec son frère, aider son neveu à faire ses devoirs ou débroussailler ensemble un coin du jardin. Ce n'est pas simplement donner un coup de main, c'est partager dans le même temps l'effort et la concentration vers un objectif commun. C'est se nourrir de l'effort de l'autre et le nourrir de son propre effort en retour. Bien plus qu'un long discours, les efforts partagés, par la joie qu'ils procurent dans un même temps et un même espace, nous relient aux autres membres de notre tribu. Faire ensemble, c'est nourrir sa vie de la même joie.

La culture de la joie sur le terrain de l'amitié

LE PARTAGE DE LA JOIE DÉSINTÉRESSÉE

Le partage de la joie avec nos amis est à l'origine de l'amour fraternel. Nous sommes heureux de donner le meilleur de nous-mêmes, et l'autre éprouve ce même besoin. Cet échange de don renforce notre joie et notre sentiment d'appartenance. La relation d'amitié a ceci de particulier qu'elle nous rend toujours plus fort et meilleur. En se réjouissant sincèrement de nos succès, l'ami nous renvoie une image valorisée de notre vie. Nous lui sommes reconnaissants de ce désintéressement et nous lui faisons savoir. À notre tour, nous espérons pour lui ce qu'il y a de meilleur et nous nous réjouissons de ses victoires. L'amitié se construit sur cette confiance et cette joie partagées.

LA CONFIANCE, SOURCE DE JOIE

La joie unifie, relie. Elle guérit de la séparation originelle d'avec la mère. Enfin, nous retrouvons quelque chose qui ressemble au bien-être vécu dans le ventre maternel, ce lieu béni où nous ne faisions qu'un avec un autre être vivant. Dans la confiance, nous trouvons l'autre à la source de notre joie, et nous sommes en retour à la source de ses joies. Sentiment de responsabilité sur la vie de l'autre. Cette confiance qui fonde les amitiés les plus solides est à la source de nos joies les plus grandes car elle nous rappelle ce temps du début de notre existence, avant que nous ne devenions un être séparé, divisé.

CULTIVER LA JOIE, RÉCOLTER L'AMITIÉ

Vous avez sans doute déjà partagé des jeux de société avec vos amis. Souvenez-vous de l'intensité de certains moments. Vous oubliez l'heure, l'engourdissement du corps, vous vous passionnez pour l'achat d'une rue au Monopoly, pour un « mot compte triple » au scrabble ou encore pour une tour que vous allez prendre dès le troisième coup aux échecs ! Vous êtes totalement investi dans l'instant que vous vivez. Votre cœur bat un peu plus vite, vos muscles sont tendus, vos yeux brillent, vous oubliez de boire ou de manger. Rien n'est plus important au monde que ce moment passionnant que vous vivez là avec vos amis ! Ce sont de véritables expériences de joie que vous êtes alors en train de vivre.

Peut-on cultiver la joie sur le terrain du travail ?

LE TRAVAIL CRÉATIF, OU QUAND LE TRAVAIL EST UN TRÉSOR

On prétend souvent qu'on ne peut créer une œuvre d'art que dans la souffrance. S'il est vrai que, pour créer, il est nécessaire de se mettre en contact avec ses propres émotions, il n'est pas nécessaire de le faire avec les plus douloureuses d'entre elles. Je ne crois pas que Michel-Ange ait peint le plafond de la chapelle Sixtine dans la peur ou la tristesse, mais au contraire qu'une joie immense décuplait son talent et sa patience. De quelle intensité a dû être cette joie pour lui faire oublier les douleurs que son corps endurait à peindre en si mauvaise posture et pendant tant d'années !

Le travail créatif est toujours source de joie dans la mesure où créer est un investissement de sa personne. On projette sur un objet extérieur quelque chose de soi, une énergie que l'on concentre sur l'objet de création comme un faisceau lumineux concentre la lumière. En créant dans la joie, on parle du plus intime de soi, du plus beau en soi, ce qui nous procure une émotion intense qui nous emmène bien plus haut que nous, vers les autres.

La mise en œuvre de sa propre puissance créatrice est une source de joie très puissante et immédiate, d'autant que ce n'est pas après l'accomplissement d'une tâche que nous éprouvons la plus grande joie, mais bien pendant sa réalisation.

Tout travail n'est pas créatif, et nombre d'entre nous sont soumis à un travail répétitif et inintéressant pour simplement subvenir à leurs besoins de survie. La joie n'est pas souvent au rendez-vous de ce travail-là. Pourtant, il est possible là aussi de ne plus subir le quotidien comme un fardeau. La concentration absolue sur l'exécution d'une tâche et la qualité des relations que l'on peut établir avec ses collègues peuvent devenir des sources de joie et alléger le poids du fardeau que la vie impose.

LA CONCENTRATION

La concentration, c'est la qualité de relation que l'on instaure entre un objet et soi-même. « L'attention parfaite est prière », affirmait Simone Weil, elle nous permet d'échapper à la prison de notre corps pour fusionner avec l'objet de notre attention. Avant d'entreprendre un travail, nous devrions nous encourager : « Deviens ce que tu fais. » S'investir totalement dans une tâche, c'est ne faire plus qu'un avec sa création, c'est être totalement présent à l'endroit et à l'instant, être ici et maintenant. Cette capacité à se fondre avec son travail est une source de joie profonde et facilement renouvelable.

Il suffit simplement de laisser les pensées parasites glisser sans les retenir, de ne surtout pas chercher à en arrêter le flot, de les laisser glisser comme un paysage qui s'écoule par la fenêtre du train sans que notre regard s'attarde sur tel ou tel point particulier.

ENTRAÎNEMENT : ÉVALUER SA CAPACITÉ DE CONCENTRATION

- Programmez une sonnerie dans trois minutes.
- Ouvrez un dictionnaire au hasard et prenez le premier mot en haut de la page de droite.
- Concentrez-vous entièrement sur ce mot en attendant la sonnerie.
- À chaque fois que votre esprit se laisse emporter loin de ce mot, ramenez-le tranquillement vers lui.
- Lorsque les trois minutes se seront écoulées, faites votre bilan :
  — combien de fois avez-vous dû intervenir pour ramener votre esprit vers l'objet de votre concentration ?
  — trois minutes de concentration absolue, est-ce trop pour vous ? Si oui, réduisez à deux minutes.

Entraînez-vous souvent à ce petit jeu, votre capacité de concentration s'en trouvera très vite augmentée, des analogies vont apparaître naturellement et votre esprit d'analyse va se développer.

LA LENTEUR, SOURCE DE JOIE

La lenteur élargit le court espace entre le passé et le futur. Elle donne de l'épaisseur au présent.

MICHEL LACROIX

ENTRAÎNEMENT : S'INITIER AUX JOIES DE LA LENTEUR

Le principe de cet entraînement est de vous inciter à faire tout ce que vous faites plus lentement et d'en tirer des satisfactions supplémentaires. Si vous aimez particulièrement travailler à un rythme soutenu, si vous vous sentez stimulé par les défis, si vous êtes impatient, si les objectifs à court terme vous stimulent davantage que ceux à long terme, cet exercice est pour vous.

- Sélectionnez un travail que vous aurez à faire dans la journée. La durée que vous envisagez pour l'exécution de ce travail ne doit pas dépasser quinze minutes.
  Vous allez vous lancer un défi : exécuter ce travail en vingt à trente minutes au lieu du temps prévu initialement, et ce sans lâcher ce travail bien entendu. Si vous décidez de faire des pauses pendant son exécution, ces pauses devront être vouées uniquement à l'observation de la tâche.

Vous ne devrez vous consacrer à rien d'autre qu'à l'exécution minutieuse de la tâche que vous vous êtes fixée. Vous resterez concentré sur votre travail, en veillant à ne pas être dérangé. Vous aurez pris soin de programmer un minuteur, qui sera le gardien de votre temps. Lorsque vous entendrez la sonnerie du minuteur, vous pourrez contempler le résultat.

- Pensez-vous que vous avez « perdu » dix ou quinze minutes de votre vie en allongeant le temps d'exécution ?

....

....

....

....

- Pourquoi ?

....

....

....

....

- Quels bénéfices pouvez-vous tirer de cette expérience ?

....

....

....

....

- Que pensez-vous de la qualité de votre travail ?

....

....

....

....

- En quoi la lenteur de l'exécution vous a-t-elle apporté un plaisir supplémentaire ?

....

....

....

....

- Qu'avez-vous appris sur vous grâce à cette expérience ?

....

....

....

....

- Quels liens pouvez-vous faire entre la joie telle que nous la définissons dans cet ouvrage et l'exécution patiente et consciente d'une tâche ordinaire ?

....

....

....

....

Si tu as fleuri trop vite, tu seras brûlé par les gelées d'hiver.

ÉPICTÈTE

Accepter de laisser le temps travailler à son rythme, c'est d'abord accepter l'idée de renoncer à son angoisse. Le temps passe ? Et alors ! Qu'il passe ! « Ce que tu ne peux pas changer, accepte-le », dit le sage. Et les événements s'enchaîneront les uns après les autres quoique l'on fasse. Vouloir aller plus vite que le temps pour devancer les événements, pour maîtriser leur enchaînement, c'est courir après le vent. C'est se jeter dans le précipice de peur d'y tomber.

LA QUALITÉ DES RELATIONS DANS LE TRAVAIL

L'homme recherche naturellement la compagnie de ses semblables. Si ces derniers lui renvoient une image de lui valorisée, il se sentira bien en leur présence. À l'inverse, il fuira ceux qui lui renverront une image dévalorisée de sa personne. Dans le milieu du travail, où le résultat de nos actions est évalué en permanence, il est particulièrement important de se sentir reconnu. Cette reconnaissance entretient la notion d'équipe : on appartient à un groupe dont les valeurs, les objectifs, les centres d'intérêt et le langage sont les mêmes. Cette notion d'appartenance est indispensable à l'équilibre individuel et social.

Certaines entreprises comprennent aujourd'hui l'intérêt qu'elles ont à favoriser un bon climat relationnel au sein de leurs équipes. Des études comportementales en neuro-imagerie fonctionnelle montrent que l'attention visuelle est amoindrie par des signaux sensoriels ayant une valeur émotionnelle particulière, comme des visages présentant une expression de peur ou de colère ; ces modulations de l'attention sont indépendantes du contrôle volontaire. Ces expériences tendent à prouver que la qualité de notre attention, donc de notre travail, est affectée par la qualité de l'humeur de notre entourage.

Plutôt que de rêver de côtoyer des gens plus intéressants, des milieux plus favorisés, intéressons-nous à notre voisin le plus proche. En quoi la découverte de ce qu'il est peut-il m'aider à devenir meilleur ? Ne le rejetez pas trop vite sous prétexte qu'il ne vous ressemble pas, intéressez-vous à sa différence, informez-vous sur ce qu'il aime, sur ce qu'il pense, sur ce qu'il croit, sur ce qu'il espère, et il finira par devenir intéressant.

La culture de la joie dans le champ des connaissances

LA JOIE ACCOMPAGNE LE TRAVAIL DE CONNAISSANCE

La plupart des souffrances des hommes viennent de l'ignorance de ces derniers face à la maladie, à la mort, à l'altérité, à l'inconnu. Plus on réduit le champ de l'ignorance, plus on réduit la souffrance. Apprendre, enrichir sa palette de connaissances permet de mettre de la lumière là où il y avait de l'obscurité et de la peur.

Connaître (co-naître) n'est pas « avoir des connaissances » au sens de « posséder des connaissances » ; c'est « naître avec ». La démarche de la connaissance procède davantage de l'être que de l'avoir. En se révélant à nous, l'objet nous modifie, et nous renaissons à nous-mêmes, différents, enrichis d'un nouveau savoir. On devient porteur de ce que l'on découvre ; plus on connaît, plus on s'approprie l'essence même de la chose connue. Personne ne peut nous ôter ce dont nous sommes porteurs, sauf à nous ôter la vie.

Connaître, c'est pénétrer le cœur de l'altérité pour comprendre (« com-prendre », c'est-à-dire « prendre avec ») de l'intérieur ce qui nous était jusqu'à présent étranger. Lorsqu'il s'agit d'un objet, d'un animal ou d'une plante, la concentration et l'observation longue, minutieuse et patiente nous permettent parfois de pénétrer son mystère. Lorsqu'il s'agit d'un être, l'écoute empathique est le meilleur chemin vers sa vérité.

La nature de la joie du découvreur est du même ordre que l'orgasme : elle relie le plus intime de soi au monde. La connaissance met de l'ordre dans le désordre, elle fait des liens entre les divers éléments de la complexité, elle déclenche la production de dopamine dans notre organisme.

La pulsion d'exploration met en jeu
les mêmes neurones que la sexualité.

DANIEL FAVRE

Le champ de la connaissance est un terrain particulièrement riche pour faire des expériences actives de la joie. L'accès à une nouvelle connaissance – comme l'apprentissage d'une langue étrangère, par exemple, ou la compréhension d'un théorème en mathématiques – nécessite de se lancer un défi réalisable, d'avoir un but clair, une activité mentale disciplinée par l'effort, une concentration qui évite la dispersion de l'énergie et apporte une satisfaction immédiate.

TIRER DES ENSEIGNEMENTS DE SES ERREURS

Considérons nos échecs comme des panneaux indicateurs sur le chemin de vie. Une vie sans échec est impossible. L'erreur balise notre chemin vers la connaissance, vers la réalisation de soi. C'est en tâtonnant qu'on apprend. Bien sûr, on peut gagner du temps en s'inspirant des exemples de ceux qui nous ont précédés sur le chemin de la vie, mais chaque expérience est unique et ne peut se substituer à aucune autre puisqu'elle ne se réalise que dans un contexte et un temps particuliers. Rien ne remplacera jamais notre expérience personnelle de la vie. Le plus important est d'être capable de tirer des leçons de nos erreurs afin de ne pas les reproduire. Ce qui nous est profitable ne l'est pas forcément pour un autre. Seules nos propres expériences, nos propres erreurs nous indiqueront notre chemin. C'est en balisant notre route de ces précieux panneaux de signalisation que la vie nous indique notre voie. Notre force véritable réside dans cette capacité à tirer des leçons de nos erreurs. Tant que nous négligeons ce travail, nous reproduisons les mêmes erreurs, et éprouvons les mêmes déceptions et les mêmes frustrations.

LE PARTAGE DES SAVOIRS

L'une des plus grandes joies que nous sommes capables d'éprouver est le partage des connaissances avec nos semblables. Les longues conversations autour d'un sujet qui nous passionne, les échanges de points de vue, les hypothèses, les analyses, les synthèses sont capables de stimuler notre cerveau jusqu'à nous rendre euphoriques. Faire découvrir aux autres ce que nous venons de comprendre, comparer nos découvertes, s'interroger sur leurs applications possibles est un jeu de l'esprit qui dope le cerveau et maintient en éveil notre intelligence, cette capacité que nous avons à faire des liens entre des éléments disparates. Le savoir, comme la joie, doit se partager pour se multiplier, se répandre et s'autoalimenter.

Le bonheur est-il dans le pré ?

LE BONHEUR OU LA JOIE ?

Le bonheur se trouve dans le processus d'un appétit de vivre toujours croissant, quel que soit le point extrême que l'on puisse atteindre ; vivre aussi pleinement qu'on le peut est si satisfaisant qu'on ne risque guère de s'inquiéter de ce que l'on peut ou de ce que l'on ne peut pas atteindre.

ERICH FROMM

Cessons de croire que l'herbe est toujours plus verte dans le pré du voisin et considérons que, pour vivre heureux, il y a des éléments qui dépendent de nous (les actes que nous accomplissons) et d'autres qui ne dépendent pas de nous (l'époque dans laquelle nous vivons, par exemple). Ce que nous appelons « chance » est un hasard heureux, donc indépendant de nous.

Je vous invite cependant à réfléchir à la part de responsabilité que nous avons dans ce qui nous arrive, à séparer ce sur quoi nous avons prise de ce que nous devons accepter parce qu'il nous est impossible de le changer. Vous pouvez, pour cela, vous attarder sur les rencontres que vous faites chaque jour. En quoi les personnes que vous croisez et avec lesquelles vous échangez quelques mots peuvent-elles devenir une source de joie dans votre vie ? Que vous apprennent-t-elles sur vous ? Quel regard nouveau vous apportent-elles sur le monde ? Qu'avez-vous à partager avec chacune d'elles ? En quoi sont-elles intéressantes ? Chaque être que nous croisons est possesseur d'un trésor unique à partager : à nous d'apprendre à le déceler. Voilà ce qui dépend de nous dans les rencontres que nous faisons.

Nul acte ne donne le bonheur, mais les rencontres de nos vies les plus dignes d'être appelées des événements indiquent la direction du bonheur.

PAUL RICŒUR

Selon la formule consacrée, le bonheur, c'est toujours pour demain ! L'idée que le bonheur est une entité située quelque part dans le futur vient du fait que nous pensons le bonheur comme un état permanent, stable. Cette représentation nous empêche de le reconnaître au moment où il se présente dans notre vie. Le bonheur n'est pas un état permanent, mais un état fluctuant. Il va et vient au gré des heures et de notre humeur. Le bonheur se ressent au jour le jour à travers notre capacité à apprécier les éléments et les événements de notre environnement. Être attentif aux « petits plaisirs minuscules », comme les nomme Philippe Delerm, pour se fabriquer de petites oasis de bonheur, c'est déjà commencer à faire entrer l'art de la joie dans sa vie.

Le bonheur n'est jamais installé définitivement dans nos vies. Ce qui nous est offert aujourd'hui peut nous être ôté demain. Le bonheur est inconstant. La course au bonheur ne peut aboutir qu'à l'insatisfaction : on croit le tenir, il est déjà parti. Ce qu'on recherche dans le bonheur, c'est ce qu'il n'est pas : la sécurité, la permanence. Celui qui fait un loto, celui qui projette de se faire construire une belle maison et celui qui rêve de sa retraite ou de ses prochaines vacances tout en se soumettant tristement au quotidien oublie d'apprécier le présent.

L'amour de la vie, c'est la source du contentement au quotidien. Aimer ce qui est, là est le secret. Savoir nous satisfaire de ce que la vie nous offre chaque jour, c'est déjà faire un pas vers quelque chose qui pourrait ressembler à une capacité à être heureux. Voir la bouteille à moitié pleine plutôt qu'à moitié vide, apprécier ce que nous possédons, ce que nous sommes, ce que sont les autres, autour de nous, cesser de vouloir toujours plus, toujours mieux, pour réduire l'état de stress dans lequel nous mène cette course effrénée au bonheur, c'est se donner les moyens de percevoir la présence de la joie en soi.

Passer de l'espérance du bonheur à l'amour de la vie.

ANDRÉ COMTE-SPONVILLE

Le bonheur est senti comme une chose à garder et à défendre, tandis que le sentiment de joie est essentiellement distributif. La joie n'est pas une chose que l'on tient et que l'on s'approprie, mais une chose que l'on annonce. La joie est une révélation plus qu'un don, et le sentiment d'une vérité heureuse plutôt que celui d'un état bienheureux. Le secret contenu dans la joie ne s'adresse pas plus à celui qui la ressent qu'aux autres, mais également ; c'est pourquoi elle s'annonce et se donne, tandis que le bonheur est incommunicable si ce n'est à ceux qui sont heureux. Le bonheur est bourgeois, et celui qui le possède dans l'esprit même trahit en quelque manière l'homme, et bien autre chose que l'homme. Le bonheur est l'affaire d'un homme ; la joie est celle de plus d'un homme, et aussi de l'Homme, et, d'une manière générale, de l'univers entier. On conçoit aisément qu'il y ait des choses supérieures au bonheur, mais on ne pense pas cela de la joie. Il n'y a pas de bonheur mystique, si ce n'est par dérivation. Le bonheur n'est pas grand. Il ne contient et ne prépare aucune grande pensée. Inversement, les grandes pensées font naître la joie, non le bonheur. Le bonheur diffère la pensée ; c'est un état où celle-ci est superflue et dans lequel il s'agit avant tout de conserver les dispositions où l'on se trouve. L'indifférence pour la pensée est même un des caractères les plus remarquables du bonheur. Dans celui-ci, les choses particulières et passagères gardent toute leur importance. Le bonheur est un sentiment que l'âme éprouve comme sujet à toutes les contingences. Ce qui menace l'homme menace du même coup le bonheur et le trouble par la seule possibilité d'une contrariété.

La joie est une paix, et tous les états antérieurs semblent alors instables, provisoires, des succédanés. Elle délivre de la nécessité de toute démarche, et l'âme y paraît avoir pris sa position naturelle, son pli. Il ne s'agit plus de passer de cet état à un autre comme c'était le cas pour tous les autres sentiments, y compris celui du bonheur, qui souhaite toujours passer de l'état aléatoire à l'état assuré et qui, du reste, ne satisfait point l'âme. La joie est l'état le meilleur de l'âme et son visage nu. L'âme se trouve alors comme tirée des conditions de l'existence, contre lesquelles elle lutte d'ordinaire et qui lui donnent par réaction ses diverses figures, y compris celle du bonheur.

La joie est humble, et elle n'engendre pas chez l'homme le désir de comparer son état à celui des hommes qui l'environnent, ce qui la distingue des sentiments qui suivent un succès ou un événement de nature à donner sur autrui un avantage quelconque. La joie ne se préfère pas aux autres états d'âme tellement pour le bien-être qu'elle procure que pour le sens qui s'en dégage. Elle n'est pas sentie comme un avantage, mais comme une grâce. Le bonheur au contraire excite l'envie. L'esprit de bonheur est un esprit de lutte et d'arrivisme. Il suppose des réalisations quelconques : il est réaliste. On y aspire par la passion tandis que, la joie, on ne l'atteint que par sagesse, amour et religion. On aspire au bonheur, mais on arrive à la joie.

Pierre Vadeboncœur

À PROPOS DE L'AMOUR

C'est à travers l'amour, l'amour ordinaire, terrestre, humain, que nous réconcilions unicité et séparation.

JUDITH VIORST

Le couple est la meilleure réponse que l'homme ait trouvée à l'angoisse de séparation. Construire un couple est une affaire sérieuse. L'entité que représente le couple est une tentative de se réunifier. C'est particulièrement visible chez les couples débutants, qui entretiennent parfois une illusion de fusion. Cette illusion déçue mène toujours à la séparation. Comment passer de l'illusion de la fusion à la construction d'un couple solide fait de deux personnalités différentes ?

Vivre à deux entraîne avec le temps une familiarité et un relâchement de l'attention à l'autre. L'habitude émousse la joie initiale d'être ensemble, et l'émotion d'amour perd de son intensité. Il est possible de ranimer cette joie grâce à l'écoute empathique. Pour être vraiment attentif aux messages de notre conjoint et à l'expression de ses besoins, il est nécessaire d'apprendre à l'écouter avec empathie. L'attention à l'autre à travers l'écoute empathique évite les malentendus et les jugements trop rapides. L'empathie nous rend meilleur. L'empathie nous renseigne sur nous. L'empathie crée un climat de confiance entre l'autre et nous. L'autre nous est reconnaissant d'avoir su l'entendre véritablement. Il reprend confiance, et cette confiance consolide la joie d'être ensemble.

Construire un couple dans la durée est un travail à temps plein qui rapporte toujours ses fruits. Considérons le couple comme une troisième entité à inventer. Un couple, ce n'est pas l'addition de deux personnes, c'est la multiplication des interactions entre ces deux personnes. C'est le lien qui se crée jour après jour entre eux, à travers leurs paroles, leurs gestes, leurs pensées, à travers ce qu'elles partagent et ce qu'elles échangent. Un lien virtuel mais unique. La qualité et la solidité de ce lien détermineront la qualité du couple. Chacun est responsable, non seulement de la part de soi qu'il met dans ce couple, mais aussi de ce que l'autre met en retour. Un peu comme les deux parents sont responsables de leur enfant.

La sexualité permet au couple de vivre des expériences intenses de joie. On pense rarement à autre chose en faisant l'amour, et l'orgasme permet d'atteindre des sensations de plénitude et de puissance particulièrement intenses. Entretenir la qualité de ses relations sexuelles, c'est se donner l'occasion de vivre des expériences de joie qui renforcent l'estime de soi et le sentiment d'appartenance.

Il existe néanmoins d'autres expériences à vivre en couple qui apportent des gratifications analogues. Je pense à ce couple de musiciens qui travaillent ensemble sur une même partition. À cet autre couple dont les membres construisent ensemble leur maison. À ce troisième couple, qui réaménage la chambre conjugale dans un effort commun. À ce couple âgé, enfin, où l'un aide l'autre, fatigué, à faire quelques pas au soleil et où les deux se réjouissent des progrès de la convalescence. Faire des expériences de joie en couple, c'est faire un effort commun, dans un même temps et un même espace, qui apporte des gratifications en même temps pour chaque membre du couple.

ENTRAÎNEMENT : LE VISAGE DE L'AMOUR, LE VISAGE DE LA JOIE

La joie véritable s'exprime d'abord avec les yeux, car les mouvements des petits muscles autour des yeux sont indépendants de notre volonté. Le sourire, lorsqu'il est le produit de la joie, se lit surtout dans les yeux, et apprenez, exercez-vous en conscience à le reconnaître. L'amour est un autre nom de la joie.

Nous recherchons naturellement et l'amour et la joie. Nous allons d'instinct vers les individus qui en sont porteurs, et nous savons les reconnaître à travers des signes communs à toute l'humanité : dilatation des pupilles, modification des muscles autour des yeux, tonus musculaire, irrigation des vaisseaux au niveau des pommettes, gestes plus ouverts, tonicité de la voix…

Sortir de la souffrance grâce à la joie

Arrêter de lutter

COMPOSER AVEC LE RÉEL

Désertique

Son cœur était désertique. Asséché d'amour, vide de manques. Bien sûr, elle avait des excuses. Une enfance malheureuse, une mère alcoolique, un père absent, un mari qui l'avait abandonné avec trois enfants. Pas d'amour à donner, l'impossibilité d'être sereine, la rancune persistante envers les autres, le refus d'être heureuse quoiqu'il arrive.

Il y avait, dans son attitude, une fin de non-recevoir des autres, en quelque sorte.

C'était écrit, elle en était convaincue, le bonheur n'existait pas. Elle cheminait tant bien que mal à côté de sa vie, imprégnée de ce terrible passé qui lui collait à la peau. Elle entretenait avec les autres des rapports douloureux. Même quand elle voulait être aimable, le ton, l'attitude, les mots qu'elle utilisait n'étaient pas les bons.

S'instaurait ainsi entre elle et le monde une sorte de décalage qui mettait toujours mal à l'aise ses interlocuteurs ou les faisait fuir. On percevait à travers son agressivité une peur tapie en elle, peur des autres, peur de l'abandon, de la trahison, peur de vivre peut-être.

CLAUDIE SADKOWSKI

On croit souvent que la joie ne pourra venir que lorsque tout sera parfait. On prend ainsi le risque de ne jamais en éprouver la présence. Plutôt que de se battre avec les événements et avec les autres pour faire que le monde se plie à notre désir, il est urgent de garder notre énergie pour nourrir notre joie de vivre. Ne pas s'engouffrer dans la douleur, dans la peur, dans la colère, qui génèrent la violence et la fatigue. Ne pas s'engouffrer dans le rejet et l'isolement, qui mènent au désespoir, mais décider de faire la paix avec le réel. Adopter de nouveaux comportements qui vont modifier, à la fois, notre perception du réel et le déroulement du réel lui-même. En composant avec ce qui arrive, on influence plus sûrement les autres qu'en combattant ou en niant ce qui est.

Cela ne signifie pas qu'il soit nécessaire d'abdiquer devant toute difficulté. Au contraire, pour ne pas ajouter de la souffrance à la souffrance, composer avec ce qui arrive sans se laisser emporter par la colère ni lutter permet de ne pas s'épuiser. Il convient de doser son effort de sagesse pour tenir la longueur et redresser la barre quand le temps sera venu.

L'effort de sagesse consiste à assumer le réel tel qu'il est sans s'y soumettre.

NICOLAS GO

Jusqu'à quel degré de souffrance et d'inquiétude la joie peut-elle résister aux assauts du mal ? Où trouver des ressources de joie suffisantes pour permettre à une mère de supporter la vision de son enfant en train de souffrir. Le raisonnement, la résignation et les appels à la patience ne l'empêcheront pas de souffrir avec lui. Sa joie de vivre se recouvre d'une chape de plomb qui donne à son souffle un rythme pesant, comme une sorte de répétition de sa propre mort.

Au fond de son âme de mère, il reste pourtant une petite lueur, la flamme fragile d'une bougie qui résiste à la tempête : c'est la joie de vivre – ou ce qu'il en reste –, et tant qu'elle vacille encore, c'est qu'elle peut se rallumer. Elle est parfois si fragile qu'il faut avoir recours à la chimie. À l'impossible, nul n'est tenu. Il est courageux de s'imposer une camisole chimique pour continuer à vivre mais, avant de faire ce choix, ou même tout en s'aidant de cet artifice, on peut travailler à rallumer la flamme en soi pour recommencer à vivre vraiment et transmettre sa force aux autres autour de soi. « Fais ce que tu peux, là où tu es, avec ce que tu as », dit le sage.

ARRÊTER DE NAGER À CONTRE-COURANT POUR RETROUVER DE L'ÉNERGIE

La joie délirante et absurde de vivre, que la douleur, la pitié, le désespoir, la blessure déchirante d'une perte irréparable, tous les tourments de la mort, ne font qu'aiguillonner et raviver chez les forts, en labourant leurs flancs d'un éperon furieux.

ROMAIN ROLLAND

Face à la tristesse

Il vous est arrivé d'être triste. Aujourd'hui, vous avez surmonté cette tristesse. Souvenez-vous pourtant de la profondeur de votre chagrin. Souvenez-vous comme la vie vous est apparue injuste, sombre et sans intérêt. Souvenez-vous que vous pensiez ne jamais pouvoir en finir avec cette douleur. Et pourtant, aujourd'hui, vous êtes encore vivant et tellement plus léger. Votre organisme s'est adapté, et vous avez, petit à petit, reconstruit un nouvel équilibre. Pour sortir de la tristesse, le temps est notre meilleur allié. Lorsque nous perdons quelqu'un ou quelque chose de précieux, nous passons par les cinq phases incontournables du processus de deuil : le choc (ce qui arrive semble inconcevable, nous sommes pétrifié), le déni (« Non, ce n'est pas possible, ce n'est pas arrivé ! »), la colère (« C'est injuste, pourquoi ça m'arrive à moi ? »), le marchandage (« Si je fais ceci, alors les choses seront autrement ») et enfin l'acceptation, c'est-à-dire le début du renoncement à ce qui n'est plus.

Cette dernière phase, celle de la tristesse, permet à l'organisme de se réparer, physiquement et psychologiquement. Il est absolument nécessaire de s'autoriser à être triste, tout en permettant à la joie de vivre de percer par instants la cuirasse de la tristesse et de poser dans notre regard une étincelle de vie.

Pour consoler un proche de sa tristesse, il est inutile de lui proférer : « Ne sois pas triste, sèche tes larmes, ça va passer ». Au contraire, il est préférable de lui dire : « Je comprends que tu sois triste, tu as le droit de pleurer pour que cela passe. »

Nous hésitons souvent à encourager les larmes de nos proches, persuadés que celles-ci entretiennent le chagrin. En effet, selon la théorie de James-Lane, les pleurs engendreraient la tristesse. Cette hypothèse n'est pas à exclure, mais il semble que les larmes s'épuisent d'elles-mêmes. Une dose particulière de tristesse et de pleurs serait-elle nécessaire à l'évacuation de chaque chagrin ? Peut-être alors convient-il de répartir cette dose sur un temps plus ou moins long ? Pour ma part, je pense que ce ne sont pas les pleurs qui induisent la tristesse, mais uniquement la plainte, formulée ou non, qui les accompagne.

Face à la peur

Ma mort et moi, nous ne nous rencontrerons jamais.
Pourquoi devrais-je la craindre ? Tant que je suis vivant,
la mort, par définition, n'est pas là ; et lorsque la mort est là,
c'est moi qui ne suis plus.

ANDRÉ COMTE-SPONVILLE

Toutes nos peurs sont une déclinaison de la peur de la mort. La peur concerne toujours le futur. Lorsque l'objet de la peur est présent, la peur s'évanouit dans l'action ou la réaction. La peur, c'est l'anticipation de ce qui peut arriver. Accepter l'idée de ce qui peut arriver apaise l'anxiété. Cette dernière permet de garder un contrôle imaginaire sur les événements dans le seul objectif d'apaiser ses peurs. Mieux vaut l'anxiété que la peur, pense l'anxieux, qui se prétend en général méfiant et lucide. L'anxieux redoutant avant tout d'être pris au dépourvu, il sécurise le futur en balisant le terrain au maximum. Il arrive que ce soit efficace, mais le prix à payer est exorbitant, l'anxiété étant une source de stress permanente qui s'autoentretient et épuise l'organisme.

Accepter de ne pas tout contrôler et d'avoir à faire face à ses peurs lorsque le danger surviendra dans la réalité, c'est faire l'économie de l'anxiété, ne pas ajouter de la peur à la peur, et laisser le champ libre à la joie ; c'est le parti pris du fataliste qui affirme « On verra bien ! » ou de l'optimiste qui pense que « ça va s'arranger ».

Face à la colère

La joie est incompatible avec la colère. Si le colérique éprouve un certain plaisir à intimider ou à soumettre celui auquel s'adresse l'expression de sa colère, ce sentiment n'a rien à voir avec la joie telle que nous l'entendons ici. C'est plutôt un plaisir malsain et destructeur, qui laisse toujours un goût amer et un vague sentiment de culpabilité.

La colère, comme les autres émotions, altère le traitement des informations et modifie nos réponses comportementales dans un sens qui nous échappe : « Je n'aurais pas dû... » ; « Je n'ai pas pu m'empêcher de... » ; « Je n'ai pas pu me retenir de lui dire... » ; « Ça m'a échappé malgré moi... » ; « Je ne m'étais pas rendu compte... ».

Toutes les théories concernant les émotions peuvent paraître bien inutiles quand soudain la colère nous envahit. Les événements semblent alors se dérouler de manière extrêmement rapide, et en dehors de toute volonté personnelle.

Pourtant, la respiration peut encore nous aider. C'est une fonction sur laquelle nous pouvons exercer rapidement un contrôle. Du contrôle de la respiration dépendent nos réponses aux événements stressants, aussi entraînez-vous quotidiennement à la respiration ventrale de façon qu'elle devienne un réflexe en cas d'urgence.

ENTRAÎNEMENT : LA RESPIRATION VENTRALE

- Asseyez-vous confortablement au fond de votre siège. Appuyez votre dos sur le dossier de la chaise ou du fauteuil de manière à bien dégager votre diaphragme.
- Allongez vos jambes et posez votre main droite sur votre ventre, puis inspirez en gonflant le ventre : votre main doit se soulever sous l'inspiration. Expirez ensuite lentement : votre main s'abaisse jusqu'à ce que vous n'ayez plus d'air à expirer. Faites une légère pause (trois secondes environ) et inspirez à nouveau, en observant votre main qui se soulève.
- Recommencez plusieurs fois de suite sans aucune hâte. Vous ressentirez instantanément un réel bien-être et un accroissement de votre capacité à contrôler vos émotions.

Cette respiration peut s'exécuter n'importe où et très discrètement au bout de quelques entraînements. Vous pouvez l'appliquer avant un entretien délicat ou une réunion, ou encore avant le passage d'un examen. Elle a le pouvoir d'apaiser rapidement tout l'organisme, alors que la respiration thoracique, que nous avons coutume de pratiquer (respiration courte et rapide avec le haut des poumons), est surtout énergisante.

Face au dégoût

Être capable de surmonter un élan de répulsion pour rencontrer l'altérité au-delà du dégoût n'est pas aisé. Comme toutes les autres émotions, le dégoût s'impose à notre corps et lui dicte des comportements particuliers. Ici aussi, la plus grande difficulté réside dans le combat entre notre tentative de cacher notre répulsion et la force de cette émotion. Notre capacité d'empathie nous informe que des comportements significatifs du dégoût vont provoquer chez celui qui en est la cause un sentiment de honte que nous voulons lui épargner.

Nous sommes ici tiraillés entre des besoins contradictoires : le besoin de fuir ce qui nous dégoûte et le besoin de ne pas blesser l'autre dans sa dignité. Le besoin le plus pressant nous dictera notre comportement. Le personnel hospitalier est formé à respecter la dignité des personnes malades ou dépendantes. Lorsque ce besoin domine le dégoût, il cède la place à la compassion ; il n'est alors plus nécessaire de se battre avec sa répulsion, qui cède naturellement le terrain à l'altruisme, noble forme de l'amour.

FAIRE LE CHOIX DE LA JOIE

Comme nous l'avons vu précédemment, il convient de ne pas confondre ses besoins fondamentaux avec ses besoins de surface. Avoir besoin d'argent est un besoin de surface qui peut correspondre au besoin fondamental de sécurité. Il est important de toujours ramener ses besoins de surface au besoin fondamental correspondant, l'objectif étant de répondre à ce besoin fondamental par toutes les voies possibles. Dans l'exemple pris ci-dessus, l'argent n'est pas la seule façon de se sentir en sécurité : d'autres moyens peuvent prendre le relais de l'argent si nécessaire, par exemple un emploi stable, un toit sûr, une famille aimante… La pyramide de Maslow évoquée plus haut vous permettra de repérer vos besoins et de mieux comprendre l'origine de vos motivations.

Nous sommes souvent soumis à des besoins contradictoires : nous avons besoin d'une chose et de son contraire en même temps. Par exemple, nous pouvons avoir besoin de vacances et en même temps besoin de travailler. Ou besoin de changer notre garde-robe et, en même temps, besoin de faire des économies. Ou besoin de bronzer et, en même temps, besoin de se protéger du vieillissement de la peau. Il nous appartient de faire le choix de privilégier une attitude ou une autre. Si on ne trouve pas le moyen de résoudre ce paradoxe, nous devrons choisir en fonction de nos priorités du moment. C'est parfois très difficile. Certains d'entre nous ont beaucoup de mal à faire des choix, car choisir, c'est abandonner autre chose. À intensité égale, la joie à plus long terme est toujours la meilleure voie. Elle nous oblige à différer le plaisir, et ce renoncement au plaisir immédiat pour une joie à venir nous grandit et nous protège du remord (« Je n'aurais pas dû lui répondre sur ce ton ! »). Et puisque le chemin vers la joie c'est déjà de la joie, nous ne sommes jamais perdants ! Les priorités s'établissent en comparant la dose d'effort à fournir et celle de joie à ressentir.

Nos besoins se heurtent aussi aux besoins des autres. Nous ne pouvons, sous prétexte que cela nous procure de la joie, accéder à tous nos désirs. Les besoins des autres face à nous sont à prendre en compte ; le choix de la priorité se fait en fonction de nombreux facteurs, et parmi eux la place qu'il occupe dans la pyramide de Maslow. En général, l'idéal est de donner la priorité au besoin situé le plus bas sur la pyramide. Les autres besoins interviennent cependant dans l'élaboration de notre choix de priorité.

Imaginons par exemple deux amis qui se promènent un samedi vers midi au bord de la mer. Le soleil tape fort. L'un d'eux, qui commence à avoir très chaud, aperçoit une crique et désire se baigner. Au même moment, l'autre, qui s'est levé de bonne heure, commence à ressentir des gargouillis dans son estomac, il a très faim. D'un côté, la baignade, de l'autre, le restaurant. Comment choisir ? Les deux besoins, se rafraîchir et se nourrir, sont des besoins physiologiques, donc situés au même niveau dans la pyramide des besoins humains. Comment feront-ils leur choix ?

« Tu crois que tu peux attendre encore un peu ? On se baigne d'abord et on mange après ? D'accord ? – Tu ne crois pas qu'à l'ombre des platanes de la terrasse tu vas te rafraîchir suffisamment ? On fera ensuite la sieste sur les rochers et tu pourras te baigner ? OK ? » Les deux amis vont tenter de trouver un accord sur l'organisation de la journée en fonction de ce qui apportera la plus grande quantité de joie. Pour décider, ils peuvent essayer de se projeter dans l'avenir (la soirée, par exemple) et imaginer ce qu'ils ressentiront en se remémorant le déroulement des événements : qu'est-ce qui, ce soir, nous rendra le plus heureux lorsque nous évoquerons ensemble ce que nous avons vécu ?

ACCOUCHER DU MEILLEUR DE SOI-MÊME

Il n'est pas plus étonnant de naître une seconde fois que d'être né une première.

VOLTAIRE

Nous n'en finissons pas d'accoucher de nous-mêmes. Notre vie est un chantier permanent. Comment sommes-nous parvenus du nourrisson que nous avons été au premier jour de notre vie à l'adulte que nous sommes aujourd'hui ? En modifiant, jour après jour, seconde après seconde, la structure de notre corps et de notre cerveau. Notre personnalité, à laquelle nous tenons tant, n'existe jamais plus longtemps qu'un millionième de seconde : elle ne cesse de mourir pour se recréer à chaque instant. Le concept d'individu ne peut d'ailleurs se concevoir en neurologie. Le neurologue perçoit l'homme comme un être en mouvement perpétuel, toujours inachevé.

Cette personne que nous sommes, toujours inachevée, toujours imparfaite, ne nous satisfait guère que provisoirement. Nous cherchons à nous améliorer en permanence, avec toujours la crainte de nous tromper, mais il faut affronter cette peur, la dépasser, prendre des risques pour évoluer. Accoucher du meilleur de nous-mêmes, c'est d'abord « nous autoriser à », car nous sommes prisonniers de nos propres blocages et des limites que nous nous imposons. Nous pensons que nous ne sommes pas « capables », et cette certitude nous empêche d'avancer.

Accoucher du meilleur de nous-mêmes, c'est établir des connexions nouvelles entre les neurones de notre cerveau pour nous transformer. Si nous décidons aujourd'hui d'apprendre à jouer d'un instrument de musique, nous constaterons que les neurones sollicités se renforcent jour après jour, que les liens établis entre ce que nous percevons sur une portée et le mouvement de nos doigts est de plus en plus rapide et efficace. Pour devenir un véritable virtuose, il nous faudra, chaque jour et pendant de longues années, travailler au renforcement des liens entre les parties de notre cerveau sollicitées. Si nous partons en vacances pendant quelques jours sans notre instrument, nous perdons notre habileté, car les liens entre les neurones n'auront pas été entretenus. Il nous faudra alors faire un effort pour retrouver certains automatismes.

Comment affronter les situations difficiles

PRENDRE ACTE DE CE QUI ARRIVE

Lorsqu'une émotion douloureuse nous envahit soudain, notre réflexe est de la maîtriser. Nous nous dressons, prêts au combat, prêts à l'attaque : « Non, je ne veux pas qu'il en soit ainsi, je ne veux pas ressentir cela ! » Nous nous cabrons. Nous luttons pour changer le cours des choses. Ou nous fuyons. Si l'attaque et la fuite sont impossibles, nous nous replions sur nous-mêmes. Quelle que soit l'issue de la situation, nous en sortons fatigués par l'énergie dépensée.

Si l'émotion a battu en retraite, nous acceptons notre fatigue comme un mal nécessaire puisqu'elle a été productive. Notre cerveau enregistre l'enchaînement des séquences et, lorsque nous nous retrouverons face à une situation similaire, nous aurons le même comportement, quel que soit le prix à payer par notre organisme.

Accepter ce qui arrive sans chercher à lutter permet d'économiser une dépense d'énergie inutile pour accéder plus rapidement à une solution efficace. Nous économisons l'énergie dépensée pour refuser le réel. Nous pouvons, dès le début, nous souvenir que nous avons en nous la réserve de joie suffisante pour affronter ce qui nous arrive. Cette pensée installera la confiance nécessaire pour ne pas perdre pied et pour accepter ce qui se présente à nous.

ACCEPTER DE NE PAS ÊTRE AIMÉ DE TOUT LE MONDE

L'une de nos peurs les plus grandes est la peur de perdre l'amour des autres. Ne pas être aimé revient à être nié dans notre propre existence. L'amour ou l'estime que les autres nous portent est un besoin fondamental commun à toute l'humanité. Ne pas se sentir suffisamment aimé de ses parents revient à ne pas se sentir aimé de la vie, à étouffer notre petite flamme intérieure.

Il arrive cependant que nous ayons à subir des rejets de la part de nos semblables. Chercher à tout prix à conquérir l'amour de ceux qui nous le refusent, c'est se condamner à une petite mort à terme. Cet entêtement nous déstabilise et nous épuise. Au lieu de placer sa source de vie à l'intérieur de soi, on la place chez un autre à qui nous donnons le pouvoir de gérer notre existence et d'entretenir la flamme qui nous anime.

Accepter de ne pas être aimé de tout le monde, c'est renoncer à la dépendance, c'est se redonner un peu de liberté et d'autodétermination, c'est reprendre le contrôle de sa vie. Nous devons rendre à l'autre la responsabilité de ce qu'il ressent à notre égard. Il a le droit de ne pas nous aimer, même provisoirement.

ACCEPTER DE NE PAS TOUT CONTRÔLER

L'anxiété provoque des erreurs de sélection dans le traitement des informations captées par le sujet dans l'environnement.

GUY MISSOUM

L'anxiété permet de garder le contrôle sur le futur en élaborant des scénarii possibles. L'anxiété pourrait donc être utile si elle n'était pas si coûteuse en termes de stress. La réponse au stress né de l'anxiété est de deux ordres :

— l'action, qui permet de garder provisoirement le contrôle jusqu'à ce qu'une nouvelle phase d'anxiété prenne le relais dans le processus de déroulement de l'événement. Il arrive que l'action soit suffisamment efficace pour calmer l'anxiété jusqu'au terme de l'événement ; dans ce cas, l'individu enregistre dans sa mémoire le fait que son anxiété est utile, et il a tendance à renouveler ce comportement ;

— le lâcher-prise, si difficile à atteindre pour un anxieux.

Comment fait-on pour lâcher prise ? C'est une question à laquelle il est difficile de répondre, car il y a autant de manière de lâcher prise que d'individus et de situations particulières. Pour parvenir à lâcher priser, nous pouvons, face à chaque situation, tenter :

— de mesurer notre capacité de résistance au désir d'intervenir pour modifier le déroulement du réel ;

— d'évaluer la conséquence de nos interventions (seront-elles bénéfiques ? Et pour qui ? Le remède ne sera-t-il pas pire que le mal ?) ;

— d'évaluer notre responsabilité (si nous lâchons prise, n'allons-nous pas nous rendre complices de la situation ? N'allons-nous pas, par notre attitude, la valider ?) ;

— d'évaluer notre degré de culpabilité (si nous lâchons prise et que les choses se déroulent mal, quelle sera notre part de responsabilité ? Pourrons-nous assumer l'idée de notre responsabilité, même partielle ?) ;

— d'évaluer jusqu'à quel degré de lâcher-prise nous sommes encore dans le respect de nous-mêmes (si nous lâchons prise, ne sommes-nous pas lâches ou irresponsables ?).

Vous pouvez illustrer ces propositions à l'aide d'un scénario, par exemple une altercation entre deux voyageurs dans les transports en commun.

La seule certitude que nous ayons à propos du lâcher-prise est qu'abandonner la volonté de contrôle provoque une réelle détente musculaire. C'est à ma connaissance la meilleure manière de travailler sur sa propre anxiété. Un entraînement régulier permet de se rendre compte que les craintes que nous entretenons ne sont pas toujours fondées. Ce constat ancre en nous la confiance en l'avenir et nous apprend à ne pas être toujours sur le qui-vive.

SE SOUVENIR DES BELLES CHOSES

« Se souvenir des belles choses » – une formule empruntée au titre du magnifique film de Zabou Breitman – évite de se focaliser sur les aspects négatifs de son existence. Quoiqu'il advienne, ce qui a été fait ne pourra jamais être défait. Se souvenir des belles choses constitue un point ressource auquel s'ancrer quand la situation ne nous est pas favorable. Se plonger dans le souvenir de ce qui a été et laisser remonter l'émotion permet de se ressourcer. N'oubliez pas d'ancrer les belles émotions…

ENTRAÎNEMENT : SE REMÉMORER CE QUI REND HEUREUX

- Offrez-vous un petit calepin dans lequel vous noterez toutes les belles choses qui vous arrivent chaque jour. Pas les grandes choses, mais tous les événements qui vous apportent de la joie : un compliment, la vue d'une première fleur après l'hiver, un baiser, un rendez-vous entre amis, un déjeuner à la terrasse d'un café, un parfum qui a flotté dans l'air, un coup de téléphone, tout ce qui vous a apporté une belle émotion au cours de la journée.
- Relisez souvent vos notes. Qu'en pensez-vous ? Qu'est-ce qui vous rend heureux le plus souvent ? Pensez-vous que la vie vaut d'être vécue lorsque vous relisez cela ? Qu'allez-vous faire aujourd'hui pour pouvoir noter quelque chose dans votre carnet ?

LA RÉSILIENCE

Parfois, le malheur fait irruption dans notre vie. L'échec, la maladie, la solitude prennent leur place dans notre maison. La colère, la tristesse ou la peur nous envahissent. C'est dans ces moments-là qu'il est utile de se souvenir que notre meilleure arme contre le mal est la joie, la joie profonde et puissante blottie au plus profond de nous, masquée à l'instant même par la souffrance à laquelle les événements nous confrontent, mais toujours vivante, à peine endormie.

Toute situation problématique est l'occasion de se mesurer à la réalité. En nous proposant des énigmes à résoudre, des nœuds à défaire, des difficultés à surmonter, le monde provoque notre joie de vivre. Sommes-nous toujours capables de reconnaître, dans la pire des situations, alors que nous sommes perdus dans le noir le plus complet, le chemin qui mène à la lumière ? Sommes-nous à la hauteur de l'épreuve qui nous est imposée ? Sommes-nous capables d'y découvrir quelques pépites ? Lorsque la situation est plombée, savons-nous devenir l'alchimiste qui transformera le plomb en or ?

Nous sommes plus souvent enclins à nous plaindre qu'à faire cette démarche constructive. Par nos lamentations, nous ajoutons de la peine à la peine. Nous pouvons cesser de nous comporter de la sorte et en éprouver très rapidement les effets positifs. C'est une nouvelle habitude de pensée à installer en nous, qui prendra petit à petit le relais de nos anciennes façons de concevoir les difficultés. Les habitudes se prennent très rapidement, mais se perdent difficilement. Plutôt que de chercher à perdre de mauvaises habitudes, il est préférable d'en installer de nouvelles plus satisfaisantes, qui viendront peu à peu remplacer les anciennes. Saisir l'occasion d'un malheur ou d'une souffrance pour rebondir encore plus haut, c'est faire preuve de résilience.

SE SOUVENIR QUE NOUS SOMMES MORTELS

La plupart d'entre nous vivons comme si nous étions éternels. Cette volonté farouche de nier l'idée de la mort nous empêche de goûter chaque instant au miracle de la vie. Chaque fois que nous respirons, c'est un miracle qui se produit. S'en convaincre pour donner toute sa valeur à l'instant présent et savoir que tout cela doit finir un jour nous aident à savourer l'intensité de la vie. Avoir conscience de la fragilité des choses. Se souvenir chaque jour que nous sommes condamnés à mort et que nous ignorons seulement la date de l'exécution de la sentence. Condamnés à disparaître. Et avec nous, tout ce qui nous entoure ou nous préoccupe. Dans cent ans ou bien avant, il ne restera rien de tout ce à quoi nous nous accrochons. La vie est si fragile. Ceux que nous aimons aussi disparaîtront, comme ont disparu tous les autres avant. Le fil de notre vie est si ténu, si léger. Les jours nous sont comptés : s'en souvenir permet de mieux apprécier l'espace de nos jours.

« L'homme meurt dès sa naissance », affirme saint Augustin. Non seulement parce que le temps passé à vivre le rapproche de l'heure de sa mort, mais aussi parce que son corps est en dégradation constante. Avoir conscience de la mort, c'est redonner du prix à la vie. Si les fleurs coupées devaient durer toujours dans ce vase, sans doute mes yeux se lasseraient-ils de les voir. Chaque matin, je suis préoccupé par leur beauté changeante, qui finira par leur échapper et par se soustraire à mon regard. C'est parce qu'elles vont mourir qu'elles me sont précieuses.

RETROUVER LA JOIE DE VIVRE

Nos réactions devant les événements sont policées par notre culture, et nous contenons le plus souvent notre joie comme nos autres émotions. En nous interdisant d'exprimer notre joie, nous perdons les habitudes comportementales qui lui sont associées. Moins de rires, moins de gestes chaleureux, moins d'éclat dans le regard, et donc moins de chances de déclencher la joie autour de nous et d'en ressentir les effets en retour. La vie devient grave, et nos relations, raisonnables et tristes.

Pourtant, lorsqu'il y a conflit entre l'émotion et la raison, c'est toujours l'émotion qui est la plus puissante. Vouloir étouffer l'émotion sous le joug de la raison consiste seulement à en différer l'expression. Vouloir cacher sa peur face à un public provoque immanquablement rougissements et bégaiements. Au contraire, exprimer ses craintes libère l'énergie de l'émotion. Est qualifié d'émotif celui qui cherche à étouffer sa peur, alors que celui qui ose dire « J'ai peur » et qui choisit d'agir en tenant compte de cette évidence est qualifié de lucide et de courageux.

Libérer l'émotion permet de récupérer de l'énergie pour agir. La joie, comme les autres émotions, doit pouvoir circuler librement dans le corps. Toute tentative de la contenir provoque des zones de blocage dans le corps. Plus on laisse libre cours à l'expression de la joie, plus on est en bonne santé. Et plus on est en bonne santé, plus il est facile de s'abandonner à la joie.

Plus souvent on exprimera sa joie en public, plus on déclenchera de joie autour de soi et plus on en recevra en retour. Il est vrai qu'il n'est pas toujours facile d'exprimer ses émotions sans retenue. Il existe des lieux et des moments spécifiques pour cela : les fêtes codifiées et quelques lieux réservés autorisent la libération de toutes les émotions retenues, et particulièrement l'expression non contrainte (ou moins contrainte) de la joie. Il est parfois si difficile de se laisser aller à sa joie, même dans ces endroits, que circulent ecstasy et autres drogues pour faire taire le gendarme intérieur qui interdit la désinhibition. Donnons-nous le droit de transgresser ces interdits chaque fois que possible.

ENTRAÎNEMENT : SE CRÉER DE BELLES ÉMOTIONS

- Décidez de consacrer cinq minutes de votre vie quotidienne à quelque chose qui vous apporte une véritable joie. Ce peut être une sieste, une lecture, l'écoute d'un morceau de musique, du chant, un travail manuel, le tri de vos photos, la confection d'un gâteau... Pensez à accompagner cette activité d'une ambiance olfactive particulière. Il vous sera alors facile de retrouver les sensations agréables procurées par cette activité grâce à ce parfum.
  Tout d'abord, départez-vous de tous les préjugés courant à votre propos.
- Cherchez ce qui vous rend vraiment heureux. Ne portez pas de jugement sur vous. Soyez sincère avec vous-même. Écrivez ce que vous aimeriez faire aujourd'hui pour vous sentir bien, en harmonie avec vous-même, pendant cinq minutes. Autorisez-vous ensuite à le faire, sans en parler forcément autour de vous. Votre joie n'a pas besoin de recevoir l'assentiment de qui que ce soit pour être validée. C'est vous et vous seul qui pouvez juger de ce que vous éprouvez lorsque vous vous autorisez cette activité.
- Délectez-vous de toutes les sensations ressenties. Autorisez-vous à les retrouver dès demain pendant cinq minutes encore.

Comme le rat du laboratoire d'Olds, nous rêvons de stimuler notre système de renforcement positif pour noyer notre cerveau dans les hormones du bien-être ! Ce rêve offre un marché formidable aux laboratoires pharmaceutiques et aux trafiquants de drogues.

Se connecter à notre propre source de joie sans en subir les effets secondaires est possible grâce à un entraînement quotidien.

Se (re)connecter à sa joie et (re)prendre le contrôle de sa vie

RALENTIR

L'attention est nécessaire à l'émergence de la joie. Or, la plupart du temps, nous vivons sans faire attention à ce qui se déroule en nous et autour de nous. Nous avons pris l'habitude de vivre, et cela nous paraît tout naturel. Il s'agit pourtant, comme nous l'avons évoqué plus haut, d'un véritable miracle. Un miracle sans cesse renouvelé. C'est un miracle que notre corps soit capable de tant d'intelligence. De respirer, d'absorber l'oxygène et de rejeter le gaz carbonique. De digérer ce qui est bon pour lui et de rejeter ce qui lui est nuisible. De réguler sa température et d'assurer les battements du cœur. C'est un miracle de marcher, de chanter, de se parler.

Mais nous vivons par réflexe. Nous avons perdu le contrôle de notre vie dans la fièvre de la vie moderne. Courir, consommer, travailler, produire ; vite, rentrer à la maison, vite, manger, et vite au lit ! Et demain, recommencer. Jusqu'à ce qu'un petit grain de sable ne vienne gripper la machine. Un rhume, une douleur, un coup de blues, la perte d'un être cher à qui on a oublié de dire qu'on l'aimait. La dépression, le chômage, l'anxiété... L'attelage s'emballe, sort de sa route. Épuisé, on se laisse porter par les événements. Où trouver alors la force de reprendre les rênes de son existence ?

Nous pouvons essayer de ralentir le rythme de notre vie, d'abord quelques secondes par jour, puis une minute, puis un peu plus, pour prendre conscience de ce qui se passe en nous. Nous pouvons prendre l'habitude de faire attention à ce qui se passe pour accéder à des petites expériences de joie de plus en plus fréquentes, qui finiront par devenir une seconde nature et par remplir tout le champ de notre existence.

CHANGER SON REGARD

L'amour, la danse, la musique, la recherche, la prière, la création artistique, la révélation soudaine ou la prise de conscience en analyse apportent des moments d'extase et de jouissance qui illuminent notre vie, des instants pendant lesquels nous oublions les contingences et parvenons à nous dissoudre dans le plaisir le plus pur jusqu'à ne plus faire qu'un avec lui. Dans ces moments-là, nous aimons profondément la vie. Vous avez peut-être, vous aussi, été bouleversé par la beauté d'un visage, par une œuvre d'art ou par la douce violence des corps pendant l'amour. Dans tous les cas, vous vous êtes senti plus grand que vous-même. Avec cette sensation de vivre pleinement, de jouir de la vie, de la prendre à bras-le-corps, de la posséder tout entière au point de vous oublier complètement dans l'instant. La joie est une grâce, parce qu'elle s'offre. Elle ne doit pas se confondre avec la jouissance de l'appropriation.

Si nous changeons l'angle de notre regard habituel, si nous sommes attentifs, nous trouverons mille occasions de vivre de telles expériences d'intensité émotionnelle. Nous apprendrons à nous réjouir de choses simples : voir le soleil se lever un matin d'octobre quand l'été se prolonge, se glisser dans des draps frais après une longue journée de travail, partager un repas avec ceux qu'on aime, observer un enfant qui lit à voix basse, et tant d'autres choses encore que nous offre le quotidien et que nous laissons filer sans prendre le temps de les apprécier.

Arrêtons-nous un instant. Prenons le temps d'observer ce qui nous entoure à cet instant précis. N'y a-t-il pas autour de nous un millier de choses qui nous enchanteraient si nous n'en avions pris l'habitude ? Prenons le temps d'observer, de démonter mentalement la mécanique des choses, de nous questionner. Lorsque nous étions enfants, sans doute savions-nous bien mieux qu'aujourd'hui nous étonner en observant un caillou, une branche, un nuage ou une goutte de sang sur le bout de notre doigt. Pourquoi l'avons-nous oublié ?

Prenons le temps de nous interroger sur les raisons qui nous font aimer ou détester tel objet, et tentons de l'observer avec les yeux d'un extraterrestre, avec des yeux tout neufs.

VIVRE AUTREMENT

Un autre monde est possible dès aujourd'hui. « J'ai décidé d'être heureux parce que c'est bon pour la santé » : cette phrase que l'on doit à Voltaire paraît plus que jamais d'actualité. Pour en finir avec le mode pathologique sur lequel nous fonctionnons depuis deux siècles en Occident, il est peut-être temps d'envisager les rapports humains sous un autre angle que celui de la compétition, de la domination et de la guerre économique et ethnique. Il est temps de relire saint Augustin avant de se laisser définitivement empoisonner par ce que Patrick Viveret nomme la « peste émotionnelle ». Puisque l'Occident ne souffre pas de pénurie, puisque nous ne nous demandons pas comment survivre, posons-nous la question : « Comment vivre ? » Cette question peut constituer le premier petit pas vers l'invention d'une meilleure qualité de vie et de meilleures relations avec nos semblables.

Courir après le temps du lundi au vendredi pour faire un travail qui nous déplaît afin d'accumuler des biens matériels, occuper le temps de nos loisirs et de nos vacances, tuer le temps quand vient l'âge de la retraite et regretter le temps quand vient l'âge d'aller dans une maison de retraite, est-ce vraiment l'emploi du temps rêvé ?

N'existe-t-il pas une façon de vivre plus joyeuse ? Une autre relation au temps ? Un petit changement vers une meilleure qualité de vie est-il possible ? Lancez-vous un premier défi : dégagez du temps pour la joie de vivre !

La joie véritable nécessite de se débarrasser, autant que possible, des substituts de joie. Elle prend toute la place, dans une sobriété extrême. Elle est désencombrée de tout ce qui peut la polluer. Elle implique de renoncer aux illusions, aux possessions, aux pressions, aux modes, aux idoles, à tout ce qui s'oppose à notre vraie nature. Ce renoncement s'apprend avec l'âge pour certains d'entre nous. Vieillir peut être l'occasion de davantage de sagesse et de liberté, de détachement vis-à-vis des illusions du monde, vis-à-vis de la course à la réussite sociale, à l'argent, à la gloire et à la possession. Vieillir peut être l'occasion de goûter le sel de la vie.

Cela ne signifie pas qu'il soit nécessaire d'être vieux pour connaître la vraie nature de la joie, mais peut-être d'avoir dépassé le temps de l'appartenance au tourbillon des illusions. D'avoir trouvé son propre rythme, celui qui nous met en harmonie avec la nature et nous rapproche du petit enfant que nous avons été.

Nous pouvons éprouver ce retour vers nous-mêmes tout en continuant à nous impliquer dans le monde en mouvement. Par instants seulement, pour commencer. Sachons nous procurer ces instants de pause nécessaires au milieu du chaos pour nous relier à la joie intérieure, à la simple joie d'exister. Habituons-nous à en prendre conscience et à la goûter pleinement, à vérifier qu'elle est toujours là et qu'on pourra entrer en contact avec elle chaque fois que nous en éprouverons le besoin.

La joie est l'affection primitive par laquelle l'âme passe à une perfection plus grande.

SPINOZA

Conclusion

La joie n'est pas qu'une émotion de surface, un mouvement de l'humeur causé par un plaisir passager. La joie est fondatrice.

La joie est une émotion profonde, c'est la plus puissante des émotions, elle est essentielle à notre survie autant que l'air qu'on respire. Elle constitue l'essence même du vivant, qui s'oppose à tout ce qui nous menace. Il nous appartient de prendre soin de notre joie de vivre.

Coupé de la source de sa joie, l'homme n'éprouve plus le désir de persévérer dans son existence.

Comme l'eau de la pluie nourrit la source du fleuve, la joie nourrit sa propre source. C'est la permanence et la force de la joie qui nous poussent à continuer notre chemin et qui qualifient nos expériences. Plus grande est son intensité, plus belles seront nos expériences de vie.

Même les événements douloureux peuvent alors être perçus comme porteurs de sens puisque leur raison d'être est d'éprouver en nous la puissance et la permanence de la joie.

La joie, pour vous, c'est quoi ?

Quelques réponses...

FLORENCE

Spontanément, comme ça, la joie est pour moi une émotion de chaleur, une pulsion intérieure qui fuse comme un volcan et inonde d'un bonheur intense et immédiat ! C'est rouge, rose ou orangé, la joie ; d'ailleurs, pour moi, ça a des senteurs d'agrumes. La joie peut venir de tout et n'importe quoi, c'est ça qui est chouette : une bonne blague, le câlin de mes enfants, le souvenir d'un bon moment passé, la perspective de quelque chose d'agréable (physique ou psychologique). La joie, pour moi, c'est un bonheur intense et de courte durée, et qui peut se partager, se transmettre.

VANESSA

C'est une émotion intense, brève, qui comble la personne qui la vit. Elle est généralement communicative, et laisse un sentiment de bien-être qui fortifie les liens qu'on a avec les autres.

CATHY

La joie est la manifestation ou l'explosion d'un sentiment de bien-être, de gaieté, solitaire ou partagé ; elle est associée au sourire, voire au rire.

FABIENNE

Il y a environ vingt-cinq ans, j'ai échangé mes skis longs (environ 25 centimètres de plus que ma taille) contre des skis courts, ce qui m'a donné de l'assurance. Je maîtrisais mieux mes mouvements, je n'avais plus peur, et j'ai pu ainsi emprunter des pistes rouges et noires. Ma joie était double : descendre des pistes raides, vaincre la peur de la pente, et surtout surprendre mon entourage, peu habitué à me voir sur ce type de pistes... et n'osant même pas me suivre !

À l'occasion d'une balade à bicyclette dans un bois, nous sommes arrivés, après un virage, devant un petit étang. La lumière du soleil couchant se reflétait sur l'eau, le calme était troublé par l'envol de quelques canards. Moment de joie... tant de sérénité et de beauté !

DANIEL

C'est ces petits reflets du soleil dans les cascades du ruisseau, au cœur de la forêt, un chien qui remue la queue, un ami qui frappe à ma porte sans avoir prévenu…

CLAUDINE

C'est une émotion qui exprime le bonheur.

DELPHINE

La joie, c'est une émotion, une belle émotion. La joie, c'est mon mot d'ordre dans la vie, ma ligne de conduite. La joie, c'est la vie, la famille, les amis, l'amour ! Alors, face à la tristesse, j'ai une façon particulière de réagir : je pleure. En effet, pour moi, il faut mieux pleurer une bonne fois que se laisser ronger de l'intérieur. Où je trouve ma joie dans ces cas-là ? C'est assez simple, en fait : dans la personne avec qui je partage ma vie, surtout dans ma famille et enfin dans mes souvenirs. En effet, je repense à de bons souvenirs et ça fait du bien.

ANDRÉE

La joie ? L'espoir !

Un enfant m'a souri et tout a resplendi. L'espoir m'est revenu. Devant cet inconnu, j'avais envie de vivre, de croire et puis d'aimer, de survivre à nouveau à mes chagrins passés. Mais d'où vient ce miracle de croire encore aux êtres, quitter mon tabernacle et de vouloir renaître ? Je sais qu'il faut aimer car il n'y a qu'« Amour » qui rime avec « toujours ». Peut-être serais-je déçue ? Qu'importe, j'aurai vécu !

SYLVIE

La joie. En voilà un grand mot ! Cela peut être beaucoup de choses, et chacun l'entend et le voit différemment... La joie... La joie de vivre ?

La joie peut provenir de mots, de gestes, d'expressions corporelles, d'émotions, de l'art – peinture, musique –, de lecture, de loisirs, de désirs, de plaisirs, de surprises, de contentements, de réussites, d'apprentissages, de nouveautés, et je suis sûre que j'en oublie...

JOHN

La joie ou les joies rendent heureux. La joie serait plus brève. La joie nourrit le bonheur.

CHRISTINE

Spontanément et sans trop réfléchir, je dirais que, pour moi, la joie est une humeur, une émotion qui influe sur l'état d'esprit d'une personne à un moment donné ou de manière plus constante. Elle est soit déclenchée (événement, rencontre...), soit beaucoup plus ancrée dans l'être ; dans ce dernier cas, elle influe sur son état d'esprit en permanence. La personne est alors d'un tempérament joyeux, sans raison précise pour autant. Il me semble que les plus petits ont davantage la faculté d'être joyeux. Peut-être parce qu'ils ont moins conscience de la complexité du monde qui les entoure et qu'ils sont moins soumis aux phénomènes de stress ? Moins de défense ?

CATHERINE

La joie est une émotion qui survient quand les choses sont positives, qu'elles correspondent à ce que nous attendions. La joie est associée au bonheur, elle se manifeste par le rire, le sourire, un visage et une attitude ouverts sur l'autre et la bonne humeur. La joie peut aussi être un sentiment plus profond, presque originel.

CATHERINE

À chaud et spontanément (sans se poser de questions), la joie, pour moi, c'est d'être heureux de vivre.

DELPHINE

La joie, c'est un sentiment de bonheur intense provoqué par un élément déclencheur, une bonne nouvelle, par exemple, et qui s'exprime par des émotions intenses. C'est le bonheur intense de l'instant, celui qui se ressent et se vit à 100 %. La joie est assimilée pour moi aux mots suivants : bonheur, sourire, rire, éclat, émotion forte, amour, succès, entourage, famille, amis. La joie est souvent une émotion que l'on communique, que l'on partage ou que l'on souhaite partager avec les autres.

GUILLEMETTE

La joie est un sentiment proche d'une émotion parce qu'elle est assez brève et intense. Elle me tombe dessus, en général, après un temps d'attente fait de doute et/ou d'inquiétude. Et plus ce temps est long ou difficile, plus la joie est forte. C'est une excitation dense où, dans l'instant, il me semble que rien ne peut être mieux, en quelque sorte un manque qui serait parfaitement comblé.

MATHILDE

C'est un sentiment d'allégresse.

ÉLYANE

Être dans la joie, c'est un état intérieur qui se voit de l'extérieur. À l'intérieur de soi, c'est une ouverture du cœur, une sensation de confort, de bien-être, une aspiration à la jouissance de l'instant, un désir de vivre pleinement ce qui vient, une relation effervescente à ce qui est. À l'extérieur, il y a un corps dans la détente, dans une ouverture au monde ; le visage est lumineux, le regard pétillant, le sourire aux lèvres. La parole est libre, dans l'échange, le partage. Le jeu est là, jeu jubilatoire, jeu de rencontre, joie de l'enfant qui s'abandonne. L'enfant revient, celui qui veut goûter les saveurs de la vie, celui qui n'a pas la notion du temps, de la vie et de la mort, du bien et du mal. La joie et l'amour sont mêlés. La joie est une manifestation particulière de l'amour. La joie est la partie dynamique de l'amour.

SYLVIE

C'est peut-être « être heureux », un sourire, du bonheur, un épanouissement intérieur et extérieur. Une émotion forte, intérieure, brève mais intense. La joie peut être partagée ou vécue intimement. C'est aussi un moyen de se connaître ou d'apprendre à se découvrir. Avec la maturité, la sagesse, la venue de la joie s'apprécie ou se capture pour une durée définie, mais n'est-elle pas bouleversante ? Dès lors, nous recherchons la joie parce qu'elle demeure insaisissable. C'est un état émotionnel suscité par une situation qui donne du plaisir, un état de bien-être. L'organisme a atteint un équilibre, et peut-être au-delà de cet équilibre. L'objectif d'un organisme multicellulaire n'est-il pas d'atteindre l'équilibre qui lui permettra de se maintenir en vie ? Peut-on considérer que la joie est une émotion positive ?

MIREILLE

La joie, c'est de se sentir légère comme une feuille ; la joie, c'est ce qui donne envie de sauter jusqu'aux étoiles ; la joie, c'est le cœur qui bat fort à cause de toi.

JEAN-FRANÇOIS

Pour moi, la joie, c'est le sourire d'un enfant, le regard amoureux de sa mère, le soleil et le ciel bleu.

VITTORIA

La joie pour moi ? Avant de répondre, j'ai besoin de me poser la question : dans quelle situation ai-je éprouvé de la joie ? Des moments me viennent à l'esprit, et ils m'amènent tout de suite à faire des distinctions : là, c'était du vrai bonheur ! Là, c'était plutôt de l'allégresse ! Là encore, une sensation de paisible sérénité ! Là, du soulagement... Là... Là...

Suis-je en mesure de justifier ces nuances ? Pour le moment, je pense que non, alors je laisse revenir dans ma tête une situation concrète qui semble m'avoir procuré ce sentiment agréable qu'on appelle « joie ».

C'est d'abord au niveau des yeux qu'il se passe quelque chose. C'est comme si je pouvais sentir que mes yeux brillent d'une façon particulière et qu'ils s'ouvrent au monde plus que d'habitude. Les muscles se détendent. La bouche est naturellement en position de sourire. Mes joues montent. Toute la posture de mon corps devient plus accueillante. J'ai envie de sauter, de danser. Je perçois le monde comme un réservoir de promesses. Je me perçois comme un être en évolution, en accord avec la nature et avec les autres (même avec ceux qui m'embêtent). Quelles situations génèrent ces sensations ? Quand les gens qui comptent pour moi me témoignent de l'amour, de la reconnaissance, de l'estime et de l'attention, que je sens mérités, quand des projets aboutissent, quand je me sens compétente pour faire face aux défis de la vie, quand j'arrive à amener un sourire dans les interactions, quand mon petit enfant court vers moi pour m'embrasser, content de me voir, quand…

ET POUR VOUS, QU'EST-CE QUE LA JOIE ?

....

....

....

....

....

....

....

Bibliographie

Éric Albert et Alain Braconnier, *Tout est dans la tête*, Odile Jacob.

Richard Bach, *Jonathan Livingston le goéland*, Flammarion.

André Comte-Sponville, Jean Delumeau et Arlette Farge, *La Plus Belle Histoire du bonheur*, Le Seuil.

Mihaly Csikszentmihalyi, *Vivre, la psychologie du bonheur*, Robert Laffont.

Alain Delourme, *Construisez votre avenir*, Le Seuil.

Anne Debroise, *Les Mystères du cerveau*, Larousse.

Épictète, *Ce qui dépend de nous*, France Loisirs.

Catherine et Daniel Favre, Naissance du quatrième type, une approche transdisciplinaire de l'évolution humaine, Le Souffle d'or.

Erich Fromm, *Avoir ou être*, Robert Laffont.

Erich Fromm, *L'Art d'aimer*, Desclée de Brouwer.

André Giordan, Mon corps, la première merveille du monde, JC Lattès.

Nicolas Go, *L'Art de la joie*, Buchet-Chastel.

Bernard Honoré, L'Épreuve de la présence ; essai sur l'angoisse, l'espoir et la joie, L'Harmattan.

David Le Breton, *Éloge de la marche*, Métailié.

Gilles LIPOSVETSKY, *Le Bonheur paradoxal*, Gallimard.

Robert MAURER, Un petit pas peut changer votre vie ; la voie du kaizen, Anne Carrière.

Guy MISSOUM, *Réussir sa vie*, InterÉditions.

Jean-Louis PEYTAVIN, Maîtrisez votre stress ; comprendre et guérir, Prat.

Françoise RÉVEILLET, *10 Minutes pour soi*, Flammarion.

Patrick VIVERET, Pourquoi ça ne va pas plus mal ?, Fayard.

Filmographie

Zabou BREITMAN, Se souvenir des belles choses.

Roberto BENIGNI, *La vie est belle.*

Quelques pas vers plus de joie...

Pour vous mettre en contact avec votre source de joie, réveillez vos sens et concentrez-vous totalement pour :

- écouter, immobile, en silence, Maria Callas chanter Norma, pour y déceler les moindres vibrations de ses émotions ;
- enfouir votre visage dans une rose ancienne afin d'y retrouver les parfums de l'enfance ;
- relire à voix haute et très lentement la dernière page du *Petit Prince* de Saint-Exupéry pour apprendre à regarder le ciel autrement ;
- observer finement tous les détails de *la Pietà* de Michel-Ange pour pénétrer l'âme de l'artiste ;
- caresser lentement le visage de la personne qui vous est la plus chère pour y trouver quelque chose d'inconnu ;

- laisser fondre sur votre langue une framboise fraîchement cueillie pour en redécouvrir tous les arômes…

VOS AUTRES PISTES…

....

....

....

....

....

....

....

....

....

....

....

....

....

....

....

....

....

....

....

....

Remerciements

L'auteur tient à remercier quelques-unes des personnes ressources qui l'ont aidée à réaliser ce livre. Elles font partie de sa vie et lui sont précieuses. Leur intelligence et leur rayonnement nourrissent sa réflexion et sa joie de vivre : Florence Lécuyer, Aurélie Delahaie, Françoise Ferlin, Chantal Romain, Andrée Joly.

L'éditeur remercie chaleureusement Dominique Chapot, Patrick Viveret, Jean-Luc Simonin et Aurélie Delahaie pour l'immense joie que lui aura procurée la réalisation de cet ouvrage.

Table des entraînements

Table des matières